TAIWAN

台湾行ったら
これ食べよう！

地元っ子、旅のリピーターに聞きました。

台湾大好き編集部[編]

誠文堂新光社

超好吃！

目的地を決めて、そこを目指す旅行もいい。
けれども、たとえばその街に暮らす人々のように、
気の向くままにちょっと寄り道ができるようになると
より楽しいと思いませんか？

この本では、台湾の人が愛するもの、現地に住む日本人がおすすめするもの、
旅のリピーターが惚れ込んだもの。

そんな台湾が大好きな人たちが情熱を注ぐ〝偏愛メニュー〟を紹介しています。
街角でよく見かける料理を中心に、さまざまな声を聞いてセレクト。
選定基準の柱は紹介者の「情熱」と「愛情」。

まずは、この本を見ていろいろな店に飛び込んでみてください。
そのなかで店の人と交流したり、リアルな生活の気配を感じたり、
自分だけの偏愛メニューを見つけたり——
きっとずっと台湾の街が身近になるはずです！

もっと台湾が好きになる
もっともっと台湾の旅が楽しくなる。
少しでもそのお手伝いができたらとてもうれしいです。

台湾大好き編集部

さぁ、なに食べよう。
MONDE SELECTION
台湾啤酒
TAIWAN BEER
CLASSIC
MONDE SELECTION
台湾啤酒
TAIWAN BEER
CLASSIC

目次

［本書について］

※ 本文では体験者の旅の思い出を含んだ料理についてのコメントを、memoではその料理についての解説を掲載してあります。
※ 各ページに掲載している参考価格は2015年2月現在のものです。時期や店、地域によって異なります。
※ 料理の読み方は標準語・台湾語に関わらず、現地でよりポピュラーな記載にしてあります。

漢字で見るメニューのコツ

台湾ではメニューを見ると料理のおおまかな予想がつく。たとえば、「燙青菜」なら茹で野菜。「炒青菜」なら野菜炒め。「調理方法」＋「素材」となっているわけだ。ほかにも「乾麺」汁無し麺、「湯麺」汁有り麺など漢字の組み合わせが料理のバリエーションとなっている。よく目にする漢字を覚えればメニューを見るのが楽しくなる。太字はメニュー例。

調理方法

ルー 滷
煮物。おもに醤油で煮しめたもの。

滷味（しょうゆ味で煮込んだもの）、**滷蛋**（煮玉子）

ジエン 煎
少しの油で焼く、炒めること。

煎雞蛋（玉子焼き）

カオ 烤
焼く、あぶること。

烤肉（焼肉）

ツァオ 炒
炒めること。

炒飯（チャーハン）

タン 燙

熱いという意味だが、茹でるの意も。

燙青菜（茹で野菜）

ザー 炸
油で揚げる。

炸雞腿（フライドチキン）

メン 燜
蓋を閉じてとろ火で煮込んだり、蒸らす。

燜燒肉（肉を蒸らす）

ジャー 夾
挟むこと。

蔥花餅夾蛋（ネギクレープ卵挟み）

味付け

ティエン 甜
甘い。

甜味（甘味）

ホンサオ 紅燒
肉や魚などを油と砂糖で炒め、醤油などの調味料で煮込んだ味。

紅燒肉（肉の醤油煮込み）

マージャン 麻醬
ゴマダレ。

麻醬涼麵（ゴマダレ冷やし麺）

マーヨウ 麻油
ゴマ油のこと。

麻油麵線（ゴマ油和えの台湾そうめん）

ラー 辣
辛い。

辣椒（トウガラシ）、**辣醬**（辛みそ）

シエン 鹹
塩辛い。

鹹味（塩みの味）、**鹹豆漿**（塩味の豆乳）

料理の状態

ガン 乾
乾いていること、転じてスープ無しの意。

乾麵（汁無し麺）

タン 湯
スープのこと、またはスープありの意。

魚丸湯（魚団子のスープ）、**米粉湯**（スープありビーフン）

ジァーダン 加蛋
卵を加えること。「加～」で「～を加える」という意味。

加辣（辛みを加える）

サーツァー 沙茶
沙茶醤（ピーナッツ、エビソース、砂糖などを混ぜた調味料）を使ったもの。

沙茶乾麵（サーツァー味の汁無し麺）

ガン
羹
とろみのついたスープ。

花枝羹（イカとろみスープ）

ワン
丸
肉や魚の団子。丸子（ワンズ）とも言う。

貢丸湯（豚肉すり身団子のスープ）

スゥ
素
肉類を使わない料理を指す。

素食（精進料理）

ティアオ
條
細長いもの。

油條（揚げパン）

スー
絲
細い糸状のもの。

筍絲（メンマ）、**肉絲**（肉の細切り）

炭水化物系

ファン
飯
ごはんのこと。

白飯（白ごはん）、**魯肉飯**（ルーローファン）

ビンシャー
冰沙
スムージー。

咖啡冰沙（コーヒースムージー）

ビン
冰
氷のことだが、メニューでは大体かき氷のこと。

草莓冰（かき氷イチゴ味）

ジー
汁
汁、ジュースのこと。

果汁（果物ジュース）、**薑汁蕃茄**（カットトマトの生姜ソース添え）

ビン
餅
小麦粉をこねて伸ばしたものを焼いたもの。

蔥油餅（ネギクレープ）、**餅乾**（クッキー）

リャンミェン
涼麵
冷やしそば。冷麺。

肉醬涼麵（肉みそ冷やし麺）

ドンフェン
冬粉
緑豆の粉で作った麺。ハルサメ。

雞腿冬粉（鳥モモ肉の春雨）

ミーフェン
米粉
米粉で作った麺。ビーフン。

炒米粉（炒めビーフン）

ミェン
麵
麺類。

麵線（台湾そうめん）、**炒麵**（炒め麺）

マーシュー
麻糬
お餅のこと。

熱麻糬（熱い餅）

タンユェン
湯圓
もち米の粉で作る団子。

紅豆湯圓（アズキ団子のスープ）

スー
酥
サクサクとしているもの。

排骨酥（スペアリブ揚げ）、**鳳梨酥**（パイナップルケーキ）

バオ
包
おもに中華まん的なもの。

肉包（肉まん）、**小龍湯包**（ショウロンポウ）

ほかにもいろいろ

タオツァン
套餐
セット、定食のこと。

排骨套餐（スペアリブ定食）

ズージュー
自助
セルフ式。

自助餐（バイキング）

ビェンダン
便當
弁当、セットのこと。

池上便當（池上弁当）、**鐵路便當**（駅弁）

ザオパイ
招牌
看板の、名物のもの。

招牌便當（看板弁当）

ゾンハー
綜合
総合する、まとめること。

綜合湯圓（ミックス団子のスープ）

分かると便利な単語集

香鱼	シシャモ
鮭鱼	シャケ
蛤蜊	ハマグリ
蝦	エビ
螃蟹	カニ
鯊鱼	サメ
花枝	イカ
章鱼	タコ
生鱼片	サシミ

野菜系

青菜	葉物系の野菜
蕃茄	トマト
油菜	コマツナ アブラナ
生菜	レタス
苦瓜	ニガウリ
香菇	シイタケ
筍	タケノコ
金針菇	エノキ
杏鮑菇	エリンギ
蘑菇	マッシュルーム

三層肉	豚バラ肉
肝連肉	豚の肝臓の 周りの肉
大腸	豚の大腸
豬皮	豚の皮
腿庫皮	豚のモモ肉の皮
軟管	豚の食道
骨仔肉	豚肉の切り身
豬舌	豚のタン
豬心	豚のハツ
豬肺	豚の肺
豬心頭	豚の心臓の管
豬肝	豚の肝
豬腳	豚足

魚介類

鮮魚	魚
蚵	カキ
鱈鱼	タラ
秋刀鱼	サンマ

肉類

雞肉	とり肉
豬肉	豚肉
牛肉	牛肉
鵝肉	ガチョウ肉
鴨肉	カモ肉
羊肉	羊肉
田雞	カエル肉
蛇肉	蛇肉
火腿	ハム
叉燒	チャーシュー
香腸	ソーセージ
排骨	骨付き肉

肉の部位

肥肉	肉の脂身
瘦肉	肉の赤身
腿	モモ肉
嘴邊肉	豚の口両側の頬肉

牛奶　牛乳
起司　チーズ
麵包　パン
厚片　トースト
三明治　サンドイッチ
蛋糕　ケーキ

スイーツ系

咖啡　コーヒー
奶茶　ミルクティー
焦糖　キャラメル
布丁　プリン
巧克力　チョコレート
紅豆　アズキ
花生　ピーナッツ
鮮奶油　生クリーム
卡士達　カスタードクリーム
香草　バニラ
拿鐵　ラテ
冰淇淋　アイス
可可亞　ココア

芭樂　グァバ
葡萄柚　グレープフルーツ
哈密瓜　ハミウリ（メロン）
西瓜　スイカ
鳳梨　パイナップル
金桔　キンカン
香蕉　バナナ
柳橙　オレンジ
蘋果　リンゴ
木瓜　パパイヤ
洛神花　ローゼル
薄荷　ミント
蘆薈　アロエ
薏仁　ハトムギ
杏仁　アンニン
百香果　パッションフルーツ
火龍果　ドラゴンフルーツ
釈迦　バンレイシ（シュガーアップル）

乳製品

蛋　卵

(白)蘿蔔　ダイコン
紅蘿蔔　ニンジン
馬鈴薯　ジャガイモ
蒜頭　ニンニク
薑　ショウガ
蔥　ネギ
紅蔥頭　台湾エシャロット
玉米　トウモロコシ
香菜　パクチー
芹菜　セロリ
豆芽　モヤシ
(小)黄瓜　キュウリ
花椰菜　ブロッコリー
南瓜　カボチャ
茄子　ナス
秋葵　オクラ

フルーツ系

草莓　イチゴ
芒果　マンゴー
檸檬　レモン

指さしにどうぞ、メニュー一覧

本書に掲載した主な料理を系統ごとに分類した。
注文時に指さしで使っても、何系を食べるか迷った時の参考にも。

肉系

當歸鴨 P.22

焢肉飯 P.42

雞腿飯 P.41

排骨飯 P.40

雞肉飯 P.38

麻油雞 P.28

排骨酥湯 P.25

肉　圓 P.75

紅焼肉 P.61

豬耳/豬頭皮 P.56

豬　腳 P.52

魯肉飯 P.45

米　糕 P.43

鵝　肉 P.117

知高飯 P.116

牛　排 P.112

牛肉麵 P.101

割　包 P.81

甘い系

湯　圓 P.27

杏仁茶 P.16

糖葫蘆 P.110

黒　松 P.29

ミックス系

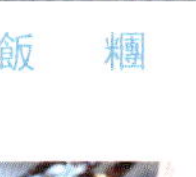

池上便當 P.46

飯　糰 P.44

油　飯 P.36

塩酥雞 P.114

滷味（屋台） P.113

甜不辣 P.74

小　菜 P.59

粉もの系

モツ系

卵・豆腐系

野菜系

スープもの

朝ごはんに、おやつに、食事に欠かせないのがスープ。たとえばミニサイズの魯肉飯にも、スープを一品合わせるだけできっちりとした食事になる。一見シンプル、けれどもしっかりと手をかけて作られた、おいしさが凝縮された美しき液体たち。

杏仁茶（シンレンチャー）

優しい甘さに癒される

早い朝に入った杏仁茶の小さな専門店。店のおじさんが実から自分で引いたという粉をお湯に溶かして大なべで温めると、ふんわりと杏仁の甘い香りが漂ってきた。お椀になみなみと注いでくれたおじさん、油條（揚げパンみたいなもの）もいいけれど、杏仁茶の本場である南部では「椪餅（ポンビン）」を合わせて食べるんだよとオススメしてくれた。ので、それを一つ注文。中身のないそっけないパイ皮のような……ところが、これを杏仁茶につけて食べるとウソみたいにおいしい。椪餅のほんわかした甘さが杏仁の香りと混ざって、優しい味わい。しばらくして入ってきた中年のご夫婦が、二人で一椀の杏仁茶に仲良く椪餅を入れて食べていた。癒された。

現地の人はこう食べる。

★杏仁茶は油條に合わせるのがポピュラー。北部では椪餅はあまり見かけない。南部は多い。

★椪餅を少しずつちぎって杏仁茶に浸しながら食べるのもよし、全部浸してとろとろになったのを杏仁茶と一緒にスプーンですくうのもよし。自由に食べる。

★杏仁茶の甘さや濃さは店によって異なる。いろいろ飲んでみてお気に入りの店を見つけよう。

memo

杏仁茶は、台湾南部の人たちの朝ごはん兼おやつのようなもの。南部では杏仁茶に椪餅を浸して食べるのが一般的。椪は膨らむという意味があり、昔は妊婦の出産後の栄養補給としても重宝された。皮にはラードが少々練りこまれ、空洞の裏には砂糖がまぶしてある。

グルグル丁寧にかき混ぜて温められる杏仁茶。おじさんの手つきもどこか優しい。

スタンダードはこの油條との組み合わせ。北部で椪餅を置いている店は少数派。

少しだけつけても、ガッツリ浸してヤワヤワにしてももっちりして気持ちいい。

朝ごはんや小腹がすいた時のおやつにぴったり。夏には冷えた杏仁茶をどうぞ。

参考価格：杏仁茶（30元）。椪餅とのセットは55元。MAP ▶ P.138 4

四神湯（スー シェン タン）

四つの神のスープって？

最初に見かけたのは、台北の迪化街入口の屋台で。時は冬、湯気が立ち上る鍋と大きなセイロで蒸される肉まんにたくさんの人が群がっていた。けれど「四神湯」という看板を見ても、人が食べているものを覗き込んでも、何なのかさっぱりわからない。しかし通りかかった別の店でもあまりに人が入っているので意を決して注文。運ばれてきた、ただただ白いスープを恐る恐る飲むと、絶妙な塩気と柔らかいモツが衝撃的だった。こんなに優しい味だとは。ふと周りを見ると、みんな机の上にある調味料をスープに入れていた。近くのおじさんなんて調味料のキャップをはずして大量投入。真似してたくさん入れたらそれは漢方入りの米酒だそうで、かなり苦かった。

現地の人はこう食べる。

★純米酒の中に漢方の當歸（トウキ）が入った汁をお好みで食べるときにかける。

★台湾女性が美肌効果を求めてよく食す。

memo

漢方の淮山、芡實、蓮子、茯苓が入ったスープのことで、もともとは四臣湯と呼んでいた。閩南語で「臣」と「神」は同じ発音であることから「四神湯」となった。脾臓や胃、腎臓や肺を健康にし、免疫力を高めるとされる。よくお腹を壊したり、体が大きくならない人にもよいとかで、米酒が含まれているが子供に食べさせる親も多い。スープの中身は長時間煮込んだ粉腸（モツ）と薏仁（ハト麦）。ハト麦は美白効果があると台湾人女性に人気で、スイーツの具材としても使われる。台湾のスープ類にはしばしば米酒が隠し味として使われるが、このスープもしかり。

テーブルに漢方入りの米酒があることも。ただし苦いので注意。スープ（具は除く）をおかわりできるところも！

四神湯のつけあわせの定番は、肉包（肉まん）か肉粽（チマキ）。どちらか一つとスープで朝ごはん完了。

参考価格：四神湯（55元）、肉包（20元）、肉粽（45元）。MAP ▶ P.139 12

鹹豆漿（シエントウジャン）

おぼろ豆腐のようにフワフワ

近所の人なのか、ラフな姿の親子がとことこ歩いて入ってきた。スクーターにまたがってやって来たスーツ姿の男性はせわしなく品定めして購入、さっと出て行った。朝の8時前、朝ごはん専門店はすでにかなりの賑わいだ。台湾の人は、朝ごはんを外で食べる人が多いという。通勤通学の途中に立ち寄って、店で食べて行ったり、テイクアウトして目的地で食べたり。基本は汁物一品に主食。しかしこの鹹豆漿は、これさえあればほかにはいらないと思ってしまうほどのボリュームと食べやすさで朝の空腹を満たしてくれる。特にふやけて豆漿のやわらかい塊と同化した油條は、ほろりと溶けるようにフワフワしていて手が進む。食べると何だかやる気が出てきた。

現地の人はこう食べる。

★卵を一個足すとまた美味。
★食べる時、酢や醤油をお好みで足す。
★豆漿と一緒に食べる人が多い。

memo

具材としてザー菜、干しエビ、葱花（ネギのみじん切り）、油條が入っている。上には香油と辣油がかかっていて香ばしい。

左／高いところから勢いよく注がれる鹹豆漿。きれいに入れるのは熟練の技。上／豆漿の鍋の周りには、出番を待つどんぶりが待機。次々と見事な手際で旅立っていく。

売り場のカウンターを、必死に背伸びをして覗き込む女の子。目の前でできあがる料理に興味津々。小さなころから朝ごはんを買いに。早起きが身につきそう。

参考価格：鹹豆漿（25元）。MAP ▶ P140 25

當歸鴨（ダングイヤー）

寒い日に、体ポカポカ

雨が降る寒い冬の日。羅東の夜市で人々が傘をさしながらも長蛇の列を作る店——の横の屋台で食べたのが麺線入りの當歸鴨だった。並ぶのが面倒で入った店だったけれど、看板メニューのそれは思いがけずにおいしい。しかも、体の中から温まる。かなりの苦み。味からして効きそうだ。

現地の人はこう食べる。

★体が温まるので、冬場特に好まれる。
★スープに麺線や冬粉（ハルサメ）を入れることも多い。
★鴨肉のほか、鶏肉や羊、豚足、モツ類などを選ぶ人もいる。
★骨のあるものは、骨を空いた皿に入れるか、皿がなければテーブルにティッシュペーパーを置いてその上にのせるしかない。

参考価格：當歸鴨（70元）。MAP ▶ P.141 

memo

真っ黒いスープの中身は、桂尖、川弓、甘草、塾地、當歸などの漢方。當歸には体を温める効果があるといわれていて、その効能から、人によっては吹き出物が出たり、また、便秘気味の人は多く食べない方がよいとされる。夕食や夜食に食べると眠れなくなることもあるので気を付けよう。

下水湯（シアシュイタン）

いったい何が出てくるの!?

この名前を見つけた時は驚いた。けれど食堂、夜市、いろいろなところで目にする。ということはおいしいに違いないと食べた下水湯は、名前からは想像もできない、澄み切った美しいスープだった。味も内臓臭さを感じない清々しさ。さっぱりした味わいで、こってり系料理に合いそう。

現地の人はこう食べる。

★胡椒をかけたり、酢を足したりして好みの味に調整する。
★主食のつけあわせとして。

参考価格：下水湯（60元）、焼邁（50元）。MAP ▶ P.139 15

memo

鶏の内臓スープ。その昔肉が食べられなかった身分の人が、内臓を食べたことに由来する。鶏の砂肝、心臓、肝などが主。さっと湯がいて灰汁を取り、臭みを消すためにショウガや米酒を加えてある。

間食なら焼邁（シューマイ）と合わせても。この焼邁はクワイ入りでサクサクおいしい。

餛（フン）飩（ドゥン）湯（タン）

横綱級の安心感

日本人にもなじみ深いワンタン。何を食べようか困った時の切り札として頼もしい存在だ。一口サイズから餃子のように大きなものまで店によってさまざま。巨大ワンタンが人気の台北の店では、昼になるや人が来はじめてワンタンをオーダー。その喧騒の中食べたワンタンに、混みように納得。

現地の人はこう食べる。

★麺などを加えて主食として食べる。
★酢、醤油、胡椒などはお好みで。
★麺などをテイクアウトする場合は、麺が伸びるのを防ぐため、麺とスープは別々の袋に入れてくれる。

参考価格：餛飩湯（90、120、150元）MAP ▶ P.140 23

memo

ワンタンの中身は、青江菜（チンゲンサイ）と豚肉のほか、野菜のみ、エビ入りなどもある。スープはあっさりでザーサイ＋玉子焼きの千切り＋海苔などの薬味がのっていて、セロリが味を引き締める。

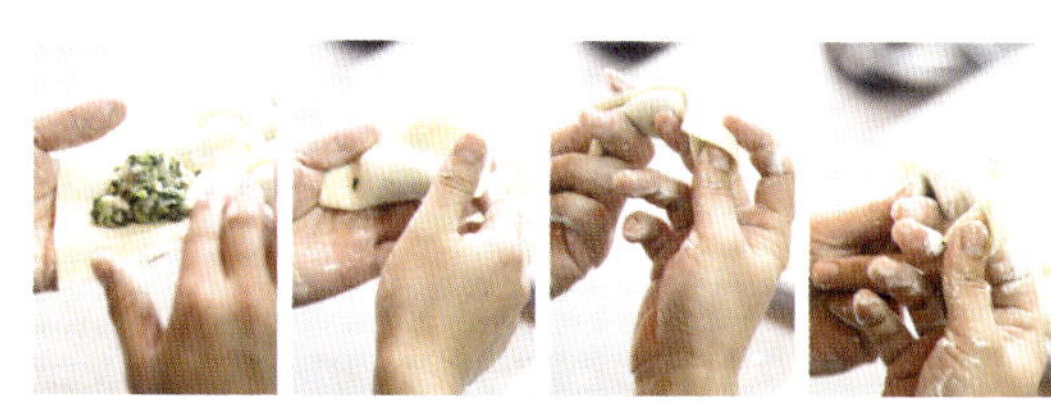

店先でワンタンを包む作業を間近に見られることが多い。鮮やか！

排骨酥湯（パイグースータン）

こってりから揚げスープ

食堂の軒先にあるカウンターの上に、大きなステンレスの蒸し器らしきもの。引き出し状になったその中から熱いスープが入った器を、店のおじさんがトングでひょいと取り出す。豚のから揚げが具とは少しびっくりしたけれど、浮き出る脂がコテッとまろやか。病みつきになる深度。

現地の人はこう食べる。

★お好みで辛みを加えたり酢を足したりも可だが、豚肉に十分な下味がついているのでそのまま食べる人が多い。

参考価格：排骨酥湯（45元）。MAP ▶ P.141 34

memo

新鮮な豚肉を醤油や砂糖、米酒などの汁に漬けこみ、その後サツマイモ粉をまぶして揚げる。ころもの表面にとろみを感じるのは粉の関係。大根などを入れたスープに揚げた豚肉を入れて煮込む。

左／素早く動くおじさんの手に見惚れる。右／夕食時は満席。テイクアウトを待つおばちゃんもできていく料理をじっと見つめる。

苦瓜湯（クーグァタン）

ほろ苦さが魅力的な、肉料理の恋人

屋台で雞肉飯を食べている時、隣の学生男子グループがこぞって同じスープを飲んでいた。それは白い苦瓜入りのシンプルなスープ。苦瓜は結構な苦み。けれどそれが雞肉飯の油をうまい具合に中和してくれる。しかもこの苦瓜、かなり柔らかい。現地の人に習って食べよ、は鉄則だと感じた。

現地の人はこう食べる。

★骨付きの豚肉と煮込まれることが多い。そのまいただく。

★魯肉飯や雞肉飯をメインとして食べる際、スープとして選択する人が多い。

参考価格：苦瓜排骨湯（50元）。MAP ▶ P.139 13

memo

苦瓜にはビタミンCが豊富に含まれ、免疫力の強化、皮膚の新陳代謝を促進させるとされている。台湾では緑色の苦瓜は生でサラダなどに使用され、白い苦瓜は炒め物やスープに使われる。豚の骨付き肉を湯がいて灰汁を出し、湯を捨て肉をさっと洗った後、水に米酒も入れて煮込む。苦瓜も柔らかく煮込むには、20分は必要。味付けは塩だけでも美味。

台湾といえばこれ、の魯肉飯と組み合わせてもハマる。排骨（肉入り）の場合はかなりボリュームあり。肉々しいコンビ。

湯（タン）圓（ユェン）

素朴な甘さの白玉汁粉

台湾スイーツの世界は奥深い。この湯圓もしかり。ほの甘いお汁粉に、プカプカ浮かぶ小さな白玉。茹でたピーナッツはえぐみがなくて柔らかくて、白玉のもっちもちと絶妙のコンビネーション！小腹空く夕方。大きなおじさんが背中を丸めて湯圓を食べる姿は、愛らしさに満ちていた。

現地の人はこう食べる。

★スプーンで食べる。
★現地の人は一人でペロリと一椀食べているが量は結構多い。食後の場合は何人かでシェアする方が無難だ。

参考価格：綜合湯圓（55元）。MAP ▶ P.141 29

memo

湯圓とは、もち米から作った団子のこと。さまざまな種類があり、餡の入っていない白や紅の団子（小湯圓）もあれば、餡が入っている（大湯圓）ものも。ぜんざいのようなのもあれば、何も入っていない甘いお湯のスープなどもある。冬至や元宵節（旧正月が終わって15日目の日）は、湯圓を食べる日と決まっている。冬至に湯圓を食べると、1歳年を取るといわれる。丸い形と湯圓の発音が団圓に近いことから、一家団欒や円満の意味も持つ。大湯圓の中身はこしあんやゴマ、ピーナツのほか、肉入りも。肉入りの場合は、茼蒿菜（台湾菊菜）を入れ、紅葱頭やセロリで風味を出す。

麻油雞（マーヨウジー）

冬場の健康はお任せあれ

どうも体にいいスープがあるらしい、と噂を聞きつけて訪れた麻油雞が名物の店では、オープン早々の時間にもかかわらず人々が湯気立ち上る麻油雞を楽しんでいた。見た目のグロさとは裏腹に、そっけないと思うほどの素朴な味。もう少し塩気が欲しくなる、それくらい上品な仕上げ。

現地の人はこう食べる。

★スープに麺線を入れて食べることもある。

★風邪を引きそうな時など、台湾では冬場よく体を「補」しなければいけないと言うが、そういう時真っ先に食されるのがこの麻油雞。

参考価格：麻油雞（190元）。MAP ▶ P.139 10

memo

鶏モモ肉を黒ゴマ油と老薑（ヒネ生姜）で炒め、米酒で煮込む料理。ヒネ生姜を大量に使うので体の中から温まり冬場に好まれる。出産後の女性が坐月子（出産後の１カ月、体を整えたり体質改善を計る期間のこと）で、毎日食べなければいけないものとされている。

麻油雞を食べながら、近くの夜市を見下ろす。最高のロケーション。

黒松（ヘイソン）

懐かしい記憶を呼び起こす甘さ

参考価格：黒松沙士、黒松汽水（ともに18元）。MAP ▶ P.142 40

よく食堂の片隅にある、透明のドリンク冷蔵庫。その中でひときわ目を引いた赤のパッケージ「黒松」は、オーダーするのに若干の戸惑いを誘う。なかなかに怪しげと思いつつも飲んでみると、甘すぎず、ちょっと草っぽい風味がすっきりした後味。子どもの頃飲んだ風邪薬シロップのような懐かしい味が、不思議と麺によく合った。これは台湾みやげとしてもウケそう。

現地の人はこう食べる。

★胸焼けをした時に飲みたがる傾向あり。
★食堂でよく見かけるほか、スーパーでも売られている。

memo

1950年に黒松公司から発売された、通称台湾コーラ。炭酸飲料で、ベースは植物の根から抽出されたエキス。ドクターペッパーの味に似ているといわれる。黒松沙士、黒松汽水（サイダー）、黒松可楽（コーラ）もある。

左／黒松沙士はコーラ色。汽水は普通のサイダー味。断然、沙士がおすすめ。右／近くを通りかかった小学生。黒松はお好き？

ちょこっと休憩　朝ごはん、どうぞ。

台湾の人にとって朝ごはんは必須のもので、若い人でも食べないという人は少ない。けれども家でゆっくり食べることは学生や社会人にはなく、ほぼ外食。テイクアウトで学校や職場で食べるか、スープ麺の場合は持ち帰りが面倒なので店で食べる。

学生は授業前に食べて、残ったものを授業中や休み時間に食べても叱られない。サンドイッチやバーガー、飯團、豆乳、牛乳、コンビニの日本風おにぎり、肉まん、大根餅……。会社に持って行く人には麺線も人気で、朝からニンニクが効いた大腸やカキ麺線を食べる人もいるほどだ。台湾の会社では何か食べたり飲んだりしながら仕事をしている人が多いので、職場でダラダラ食べていようが何も言われないのだ。ホテルは和洋中揃うが中華はお粥が多く、逆に街なかにはお粥が食べられるところは少ない。

朝ごはんといえば台南が特徴的で、牛肉湯は台南ならでは。ほかにもサバヒーのお粥や粽、碗粿、薬膳スープが有名だ。台湾の人は白ごはんを朝食べる習慣はないが、嘉義では食べるのだそう。そんな豊かな朝ごはんメニューの中からピックアップしてご紹介。

韮菜包　ジウツァイバオ

ニラとミンチ肉が入っていてそのままもよいが、醤油をかけて食べるとさらにおいしい。プラス豆漿が定番。

小籠包　シャオロンバオ

薄皮の中は豚ミンチが基本。上の部分を箸で抓み、れんげにのせて食べる。ショウガの千切り、醤油と酢と共に。

蘿蔔糕は MAP ▶ P.140 18　それ以外はすべて MAP ▶ P.140 25

焼餅夾蛋　シャオビンジャーダン

香ばしいパンのような生地に、ネギと玉子を挟んだもの。豆漿といっしょに食べるのが通常。生地が香ばしい。

葱花餅　ツォンホワビン

ネギと胡椒入りで、おやつとしても食べる。かなりの大きさでボリューム満点。見た目も雰囲気もパンのよう。

蛋　餅　ダンビン

ネギと玉子を包んだ薄皮に、醤油＋酢を加えると味が引き立つ。豆漿あるいは米漿といっしょにオーダーを。

蘿蔔糕　ルオボーガオ

ダイコン餅。甜醤や醤油膏を付けて食べるのが台湾の朝ごはん式。豚肉や干しエビ、シイタケなども入っている。

ほんだし
こんぶ
ゆず

100元 10顆

ごはんもの

具材を上にのせたり、巻いたり、炊き込んだり。台湾のごはんものはバリエーション豊かで、どれもが味わわずにはいられないものばかり。基本茶色で見た目に華はないけれど、そのおいしさはまさに幸せの味。温かいごはんで元気をチャージ！

油飯（ヨウファン）

名前に似合わぬ味わい深さ

朝の9時、市場の店もまだまばらにしか開いていないなか、とある店は大賑わい。店を囲むように人が何かを待っている。店のお姉さん曰く「次は20分後だよ」。そう、みんなが待っているのは油飯の炊き上がりだった。第一陣はとっくに売り切れ、第二陣を待ちわびている状態。そこにやっと、盛大な湯気を立てて大量の油飯が運ばれてきた。お姉さんたちはテキパキと注文のあった通りによそっていく。2箱3箱とたくさん買って行く人の姿もちらほら。さてそのお味はというと、もうおいしいとしか言いようがない。濃すぎないがきちんとした醤油味がしみ込んだもち米は、上にのったシイタケをアクセントにすばらしい味わい。早起きしたくなる味。

現地の人はこう食べる。

★そのまま食べる。滷蛋（煮玉子）をつけ合せる人も。

★できたてを求めて朝早くから買いにやって来る。

★テイクアウトの場合は、新生姜のパックがついていることが多い。

memo

シイタケ、豚肉、油葱酥（紅葱頭と呼ばれる台湾エシャロットを揚げたもの）が入ったもち米ごはん。台湾では男の子が生まれて満（彌）月（生後1カ月のお祝い）で、親戚や知人に油飯を送る習慣がある。この時油飯には、男の子の象徴である鶏のモモ肉と食紅で染まった卵2個を入れるのが通常。残念ながら女の子には油飯はないが、代わりにケーキが贈られ、伝統を守る男の子と対照的に、こちらは年々可愛くなっている。

1　満（彌）月祝い用の油飯は箱もゴージャス！
2　できたてアツアツの油飯を前にせっせと動くお姉さんたち。
3　米とイモでできた練り物「芋粿」はほんのりした塩味でおやつにもよさそう。
4　飴色になるまで煮込まれた滷蛋。いい色。

参考価格：油飯（1斤／90元）、滷蛋（10元）。MAP ▶ P.138 7

雞肉飯（ジーロウファン）

汁のうまさが反則！

どんな調理をして、何を混ぜたらこんなにおいしくなるんだろう？ とはじめて食べた時は衝撃的だった。士林市場の薄暗い屋台で、やや強面のご主人と、無心で鶏のササミらしき肉をほどき続ける奥さんが淡々と作り出す雞肉飯は、予想をいい方向に外して大ヒット！ 上からたっぷりとジューシーな汁がかかっていて肉のパサパサ感はまったくない。つけ合せには漬物。これがパリッといい箸休めになる。日本のお茶碗より一回り小さな茶碗に山盛りになって出てくるその姿は、小さいながら貫録十分。箸で食べるのもいいが、夜市や食堂ではスプーンでガツガツ味わいたい。小さ目サイズはすぐに食べ終わる量なので、いろいろ試したい時にもぴったりだ。

現地の人はこう食べる。

★スープや野菜などの小皿料理と合わせて食べる。
★かけ汁と肉、ごはんを箸やスプーンで混ぜてから食べる。
★小さいサイズは本当に小さい。普通に丼的に食べるなら「大」を頼むべし。

店の外に目をやると、建物や配水管の隙間から木や草が生き生きと生え出していた。台湾らしさを感じるのどかで豊かな一幕。風景も味がある。

雞肉飯には、苦みがありあっさりテイストの苦瓜湯がよく合う。ぜひセットで。

memo

台湾南部の嘉義が発祥地。鶏肉で代用する店も多いが、本来は七面鳥の肉を使う。薄味で煮込んだ鶏肉の煮汁とラードと油葱酥をかけたごはんで、サイズ表記のない場合はほとんど小サイズで出てくる。

参考価格：雞肉飯（小／35元、大／50元）。MAP ▶ P.139 13

排骨飯（パイグーファン）

台湾の２大弁当その１

数年前、台北駅裏の繁華街にある食堂で排骨飯を食べた。あまりの大きさにどう食べるか迷っていたら、ショートカットがすてきな店のおばさんがジェスチャーで教えてくれた。日本でこんなに大きな肉をほおばれることは稀。肉を食べたい欲を存分に満たしてくれるピカイチメニューだ。

現地の人はこう食べる。

★骨を気にせずガッツリ食べる。骨を皿の縁に置けない時は、机の上かティッシュの上に。
★オフィスや会議などの宅配弁当としても人気。

参考価格：排骨飯（140元）。MAP ▶ P.140 20

memo

排骨（台湾風トンカツ）と雞腿（鶏モモ肉揚げ）が、台湾の２大弁当。排骨は地瓜粉というサツマイモの粉を使用のため甘味もあり、たっぷり効いた黒胡椒との相性もよい。弁当の場合おかずは４種ほどで、２杯分ぐらいのごはんの上に大きな肉がのせてある。滷肉汁もかかっている。

上／雞腿の弁当バージョン。とても豪華でスープまで付く。右／胡椒や醤油など、机の上の調味料でカスタマイズ。

雞腿飯（ジートゥイファン）

台湾の2大弁当その2

参考価格：雞腿飯（120元）。MAP ▶ P.140 19

スーツ姿のスリムな美女たちが、勢いよく賑やかに大きな肉を食べる。彼女たちのどこにそんな大量の肉やごはんが収まるのかと思うほど、清々しい食べっぷり。その表情は生き生き。台北・西門町近くの雞腿飯専門店での光景。こんなにおいしい鶏肉を食べれば、自然に元気になれそう。

現地の人はこう食べる。

★肉に切り込みを入れない方が旨味も詰まってジューシーだが、お客様の要求で切り分ける店も。

★ソースはたっぷりが主流。

左／スープはセルフサービスの店も多い。ピーク時より早く行けば具がたくさんある。　右／店員さんがハサミで素早く揚げたてを食べやすくカット。

memo

雞腿には揚げと煮込みの調理法のほかに、バーベキュー式のチキンが自慢の店もある。揚げの場合、肉は冷凍せずに解体市場からそのまま直仕入れ。衣をつけて10分以上揚げる。セットメニューでは大体おかずは3～4種が普通で、豆干や野菜炒めが定番。ごはんに滷肉汁がかかっているのもうれしい。

焢肉飯（コンロウファン）

プルプルのやわらか肉

食堂で魯肉飯を食べていた時のこと。向かいのお姉さんが食べている角煮丼がおいしそうでたまらず、店を出る時にこっそり店員さんに聞いた。焢肉飯だと言う。そこで寧夏夜市の愛想のいいおじさんの屋台で注文した。肉プルプル、ホロホロ、タレ染み込む白米、おいしくないはずがない！

現地の人はこう食べる。

★あっさりした味のスープと合わせる。

★つけあわせのショウガをいっしょにたっぷり食べる。

参考価格：焢肉飯（90元）。MAP ▶ P.139 13

memo

豚の角煮ごはん。豚肉を煮込んだ汁で煮たシイタケやタケノコもごはんとセットに。脂身と赤身のバランスがよい豚バラ肉を使用、見た目ほど油っぽくない。

左／じっくり煮込まれた焢肉。厚切り、薄切り、店ごとに違う。　中央／焢肉の弁当セット。野菜たっぷり。　右／店によってはおかずを選べるところも。

米糕（ミーガオ）

ファストフードより早い！

湯呑のようなお椀をひっくり返して、できあがり。注文から料理の登場までが早い。急いでいる時にはファストフードよりいいかもしれない。常備されているオレンジ色のソースは思いのほか甘いけれど、一度これをかけてしまうと、なくては味気ない。一口食べてはかけて、の繰り返しとなる。

現地の人はこう食べる。

★おやつ感覚でもOK。
★もち米なので、スープと合わせて1食としている。
★甘辛いソースをかけて、香菜など散らすと美味。

参考価格：米糕（30元）。MAP ▶ P.138 2

memo

台南発祥の代表的な小吃で、もち米をシイタケ、紅蔥頭、醬油、塩、酒、油などと一緒に炒め、蒸す際に長時間煮込んだ豚肉や煮玉子をお椀の底に入れる。食べる時にはお椀をひっくり返し、別のお椀へ。

左／これが甘〜いソース。ハマるといろいろなものにかけたくなる。　右／昼時、大混雑の米糕人気店。満席！

飯糰（ファントゥアン）

意外性にノックアウト！ オーダーメイドおにぎり

屋台でよく見かける飯糰の文字。台北の寧夏夜市入口の飯糰屋台には長蛇の列ができることもしばしばだ。その人気者の正体は、おにぎり。かなり大きい。コンビニおにぎり2個分はある。米は薄く外層だけで、あとは具。でんぶの甘みとカリッとした油條の香ばしさなど、意外性も楽しい。

現地の人はこう食べる。

★台湾式おにぎり。腹持ちがよく朝ごはんとして食す。握られたおにぎりはラップに包まれテイクアウト。会社などで食べる。
★米や具、味などすべてがお好みの、オーダーメイドおにぎりといえる。作り置きタイプのものも店によっては売っている。
★豆漿あるいは米漿といっしょに食べるのが定番スタイル。

参考価格：飯團（30元）。MAP ▶ P.140 25

memo

楕円形をしたおにぎりは、白糯米（白もち米）と黒糯米の2種類がある。具は豊富で、酸菜や台湾の切干大根ほか、油條やでんぶ。店により魚のカジキでんぶ、豚肉でんぶなどがある。切干大根の味も辛くないもの、ピリ辛、中辛、激辛などさまざま。トッピングにはツナやウインナー、香腸など。卵も玉子焼きや煮玉子から選択できる。

魯肉飯（ルーロウファン）

みんな食べてる茶色いごはん

参考価格：魯肉飯（25元）。MAP ▶ P.139 10

これなくして台湾料理は語れず！　というほどポピュラーなメニュー。海辺の都市・花蓮に行ったとき、歩き疲れて休憩した小さな食堂で食べた魯肉飯のおいしさ、サイズのちょうどよさは劇的だった。魯肉飯はどこで食べてもおいしい。ホッとする安心感のある味は、家庭の味だからかも。

現地の人はこう食べる。

★台湾人の魯肉飯へのこだわりは強く、台湾人のおふくろの味ともいえる。台湾の家庭なら必ず置いてある電気釜「大同鍋」の蓋を開けると、中には常に温めてある魯肉がこんにちは。育ち盛りの子供たちは「ただいま」と同時にごはんをよそってその上に魯肉をかける。夕飯前のおやつ代わりに。

memo

醤油や米酒、シイタケ、干しエビ、紅葱頭などで煮込んだそぼろ状の豚肉をかけたごはん。魯肉飯が有名な店には代々の味があり、鍋も受け継がれている。台湾南部では肉燥飯といい脂身を含まない。台湾南部で魯肉飯を食べたいと言うと、脂身の多い一枚肉の爌肉が出てくるので注意。正しい表記は滷肉飯だが、魯の字で広まっている。

池上便當（チー シャン ビィエン ダン）

米の名所の駅弁をどこでも

台湾東部の小さな駅。駅を出て少し歩くとすでに見渡す限り田んぼが広がる。標高が高く、雲が低い。すっきりした空気。歩く人はまばら。一見排他的、けれども話すととても温かい人々。米の里といわれている池上はそんなところ。そこで育てられた米はパサつかずもっちりとしていて人気のブランド米だ。その池上米を惜しげもなく使用しているのが池上弁当。その米の上には種類豊富な肉や野菜がぎっしりと詰められる。店によってまったく味もおかずの種類も違うが、基本の池上米は同じはず。店内を見渡すと大体「池上米100％」とか書いてある。おいしい池上米を食べたいのはもちろんだけれど、池上への旅情を味わいたくてつい、この弁当を探してしまう。

現地の人はこう食べる。

★スープ付きで、テイクアウトする人が多い。

★午前中から販売が始まるが、習慣的に台湾人は冷たい弁当は食べないので（ごはんが冷たいとひもじいと感じるらしく、学校や会社にお弁当を持っていく人も食べる前に必ず蒸す！）、午前10時くらいでも購入するとすぐ、あるいは温かいうちに食べきる。

memo

米の名所・台東県の池上の米。もちもち感があり日本の米に近いので、日本へも輸出している。昔ながらの木の箱入りの中身は、池上米、豚肉2切れ、糸コンニャク、雪菜、インゲン、香腸2切れ、煮玉子半分、小魚ピーナツ、キャベツとニンジン、青菜など。池上弁当はいろいろな店から出されているが、ほかの駅弁に比べておかずの種類が多いのも特徴。

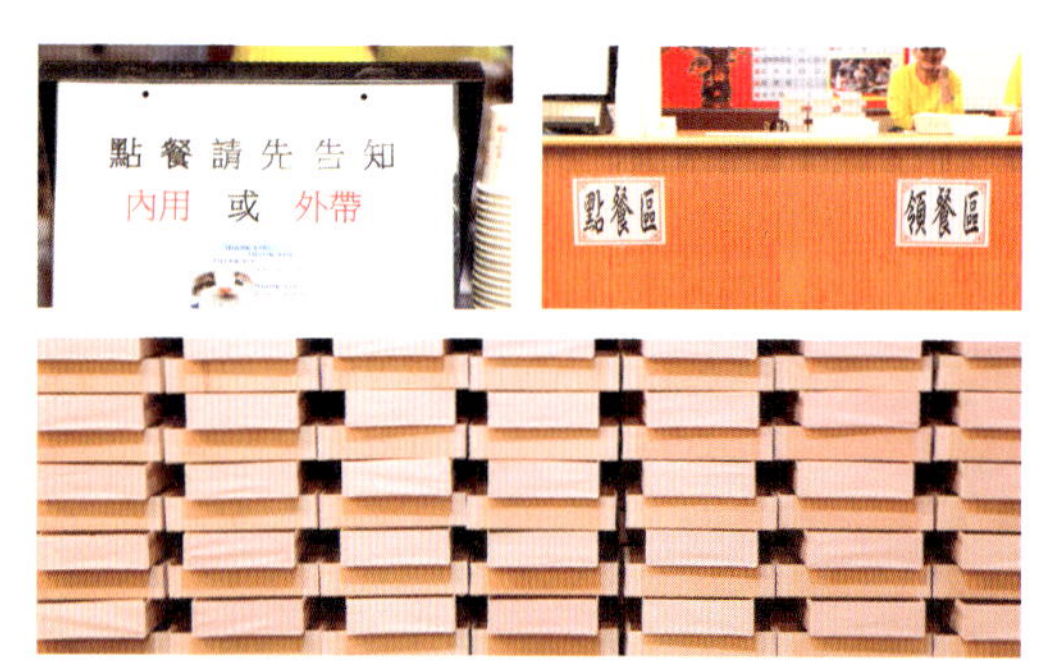

左上／ここで食べるかテイクアウトか、注文時に教えてください。という貼り紙。　右上／左が注文エリア、右が受け取りエリアとカウンターに書いてある。　下／木の箱をジェンガのように積み上げて。美しい。

パッケージも店ごとに違ってかわいい。これも楽しみのひとつ。

参考価格：招牌飯（80元）。MAP ▶ P.138 3

駅弁＆池上のこと。

ちょこっと休憩

観光スポットを表示する看板も米粒の形。あらゆるところに米の字が躍る。

池上の街から。少し中心を外れるとすぐに田んぼが一面に広がる。のどか。

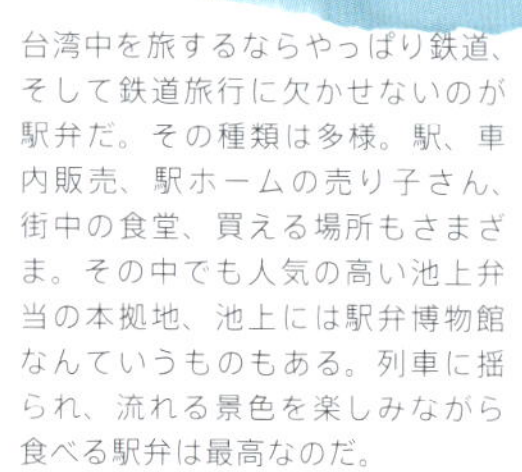

台湾中を旅するならやっぱり鉄道、そして鉄道旅行に欠かせないのが駅弁だ。その種類は多様。駅、車内販売、駅ホームの売り子さん、街中の食堂、買える場所もさまざま。その中でも人気の高い池上弁当の本拠地、池上には駅弁博物館なんていうものもある。列車に揺られ、流れる景色を楽しみながら食べる駅弁は最高なのだ。

公共の建物らしきものの入口にも米形の石のレリーフ。徹底した米押し。

その中身はこんな感じ。駅から出てすぐの店舗でも食べることができる。

池上の駅構内で販売されている池上弁当。パッケージのかわいさが目を引く。

池上には駅弁博物館なるものがあり、駅弁の歴史をたどることができる。

道端にコスモス。畑にネコが寝ていたり、トラクターに犬が乗っていたり。

俳優の金城武がCMを撮影した場所が観光の名所に。それを示す立て看板。

弁当は館内のほか、併設の列車内でも食べることができる。旅情たっぷり。

館内で弁当を買い求める人々。池上に行ったら寄らずにはいられない場所。

博物館で売っている池上弁当のおいしさは半端じゃない！　具も豪華なり。

観光スポットの定番、メダルを作る機械もある。もちろんモチーフは米。

おみやげとして池上米はいかが？　街の米屋さんやスーパーでも購入可。

2階の展示スペースには、食品サンプル顔負けの巨大米の山サンプルが！

台湾には高鉄（新幹線）と台鉄（高速鉄道）がある。台鉄の方が風情あり。

駅弁の醍醐味は、何といっても列車の旅で食べること。景色もごちそう。

池上の道路にはかわいいカカシの絵が。素朴なとぼけた表情がキュート。

こんなのあります駅弁その2。台鉄駅弁、高雄鉄道餐庁制作バージョン。

1の中身は肉、肉、肉祭り。肉の下に少しの野菜。ガッツリ濃い醤油味。

こんなのあります駅弁その1。台鉄の車内販売の排骨弁当は定番中の定番だ。

3は味は微妙だった。が、それも一興。駅弁は試してなんぼのエンタメだ。

こんなのあります駅弁その3。コンビニの弁当。こんな袋に入れてくれた。

2は同じ排骨弁当ながら微妙に具が違う。豆腐、ブロッコリーが大きな差。

おかず

食事のメインとして、ちょっと食べたい時の付け合わせとして、さまざまな場面で絶大なる力を発揮するおかず系料理の数々。どっしり食べ応えのある肉からヘルシー度満点の野菜まで、いろいろ組み合わせて楽しんでみたい。台湾ならではの味に舌鼓。

豬（ジュー）脚（ジャウ）

モチプル醤油味をほおばる幸せ

日本ではあまりなじみのない食材、豚足。はじめて食べた時は蹄付きで少し取っ付きにくかったけれど、台北の名店で食べた豚足は違った。モッチモチのプルップルで、ちょうどいい醤油味。一見脂っこそうに見えるがそんなことはない。白ごはんとスープとタケノコ煮とをいっしょに頼んで食べれば、あっという間になくなってしまう。決して量が少ない訳ではないけれど、女子一人でも空腹ならサラリと食べられる。午後2時も過ぎようかという時間にも行列が途切れない。これは並んでも食べたい、わかる。これは並ぶ。でっぷりした小学生くらいの男の子、車で乗り付けたお兄さん、日本人の観光客まで、誰もが夢中で豚足をほおばる幸せの時間を過ごしていた。

現地の人はこう食べる。

★誕生日に豬脚麵線を食べる習慣があり、子が親のために準備する。麵線は細く長くの意がある。

★豬脚麵線には運気を変えるという言い伝えもあり、出所祝いにも食べられる。

★家庭料理としても作られる。コラーゲン豊富なので女性や老人も好んで食べる。

★屏東県「萬巒豬脚」が有名。萬巒地方には豬脚通りがある。

memo

豚の足の腿以下の部位で、調理には十分な毛抜きなどの下準備をした後、煮込みに約4時間費やす。豚足を煮込んだ汁でタケノコやハクサイ、揚げ豆腐、ピーナツなどを煮込んだものはサイドメニューとして食べられる。

店主の張さんが客の注文に合わせて豚足を捌く人気店。手早い動きが美しい。

ごはん、スープ、野菜も頼むとより美味なハーモニー。豚足は一人なら一皿で十分足りる。テイクアウトの人も多い。

一口に豚足といっても部位により違う。骨が少なく肉と油が多めの「腿庫肉」、腿と蹄の中間の部分で骨付きだがホロリと取れる「中段」、蹄の部分で骨が多くザラザラした通好みの「脚蹄」など。まずは食べやすい腿庫肉がおすすめ。

参考価格：腿庫肉（90 元）。MAP ▶ P.138 1

鍋貼（グオティエ）

2年越しでも忘れられない

ものを見れば一目瞭然、焼き餃子のことだ。パリッとジューシーは当たり前ながら、もう酢も醤油もいらないかも！　というくらいそのものの味がいい。屋台、食堂、専門店、いろいろなところで見かけるポピュラーメニューながら、おいしさが突き抜けていた。その感動を味わったのは台北の細い道にある鍋貼専門店。開店時間に行ったのに薄暗くて、ウロウロしていると中から結構な強面のおじいさん……いや失礼、店主の方が。実は優しいおじいさんは紛れもなく焼き餃子の名手だった。食べていると年配の親子が来店。その中のおばあさん曰く「2年前に食べたここの焼き餃子が忘れられなくて、また来たんです」。しかもマレーシアから来たというので驚いた。

現地の人はこう食べる。

★お好みで醤油、酢、トウガラシ、香油につける。

★スープは酸辣湯や玉米湯（コーンスープ）などを合わせるのがスタンダード。スープによっては胡椒や酢を加えてカスタマイズしてもいい。

★夜市などで売っているものを買って食べ歩くこともある。その場合はサイズが大きなものもあるので買う前にチェックしよう。

memo

皮がもったりと厚いのが一般的だが、超がつくほどの薄皮もありさまざま。中身は豚肉とニラ（黄韮の場合も）、キャベツなど。鍋貼専門店ではカレー味やキムチ味などの変わり種もある。ちなみに水餃は茹でた餃子のこと。

上／大きな鉄板で一気に焼き蒸される！
下／水餃子は年菜（大みそかに食べる料理）としている家庭も。餃子の中にお金を入れ、当たった人は翌年幸運に恵まれるとか。

きれいなお姉さんも鍋貼が大好き。

参考価格：鍋貼（10 個／ 50 元）。MAP ▶ P.140 22

猪耳（ジューアル）／猪頭皮（ジュートゥピー）

ビールのアテに

参考価格：猪耳、猪頭皮（各40元）。MAP ▶ P 142 40

軽く一杯やりたい時のすてきなパートナーとして名前を挙げたいのがこのふたつ。軽くて薄めの台湾ビールにはっきりとした味付けの肉がマッチする。猪耳はコリコリした食感が、猪頭皮は柔らかめの肉らしい歯ごたえで杯を進ませる。思わずメイン無しでもいいかと思ってしまう、ちょい飲みにぴったりのボリューム感もよし。

現地の人はこう食べる。

★メイン料理にプラスアルファで注文する。作り置きで比較的早く出てくるので前菜としても。
★味が濃い目なのでちょっとしたビールのアテにもぴったり。

左・中央／注文が入ると棚から食材を出し、ササッと切り刻む。右／台湾ビールのグラスはレトロなデザインでかわいい。

memo

猪耳は豚の耳、猪頭皮は豚の前頭部の皮で小菜の定番。肉は塊で置いてあり、注文すると切ってくれるパターンが多い。

紅油炒手（ホンヨウツァオショウ）

ピリリと辛い、赤ワンタン

参考価格：紅油炒手（60元）。MAP ▶ P.141 30

台北のお洒落街・永康街を少し抜けた人もまばらな道沿いに、年季の入った食堂が。どこまでが店の人の、どこからが客用のスペースかも曖昧なユルい感じの店で出会ったピリ辛ワンタンは、器の底にたまった赤い汁が衝撃的においしかった。最終的に赤い汁は飲み干した。辛いもん好きには無視できない貴重な一品。

現地の人はこう食べる。

★辛いものが好きな人はトウガラシなどをさらに足す。濃い味が欲しい場合は、醤油や酢などを加えて自分流にアレンジする。

★これを主食に、プラススープを頼むこともしばしば。

memo

紅油は辣油、炒手は餛飩＝ワンタンのことで、ワンタンをピリ辛ソースで和えた四川料理。オイスターソース、醤油、酢、砂糖、辣椒醤、ニンニク、トウガラシなどを混ぜたソースを、茹でたワンタンにかける。ネギなども散らしてソースをよく絡ませながら食べるとおいしい。

コマツナ、玉子、ハルサメ入りの蛋花湯をつけ合せに。あっさりした味が辛味を引き立ててくれる。

A（エー）菜（ツァイ）

なぞのアルファベット野菜

参考価格：燙A菜（50元）。MAP▶P.142 39

夜も更けゆく台北のとある店で、金持ち然としたおじさんと妖艶なお姉さんのカップルが食事を注文していた。ご馳走するからとおじさんがガンガンオーダーしていく。彼が「A菜」を頼んだ。聞き耳を立てながらA菜って何だと気になってしかたなく、チラ見したテーブルには緑の葉菜らしきもの。後で知ったのはレタスの一種ということ。シャキッと爽快な歯触り。

現地の人はこう食べる。

★大体茹でるか炒めるかで調理される。茹でる場合は「燙」、炒める場合は「炒」と表記がある。

memo

正しくは、萵仔菜。逆さにするとAの形だから、そう名付けられたのだとか。炒める時は油を敷き強火で。まずニンニクを炒めてから塩を入れ、そしてA菜。いい香りがしてしなっとなったらOK。温かいうちにいただく。茹でて食べる場合は、塩と肉汁などで和えるとよい。

ノスタルジックな雰囲気のレストランにもA菜はあった。なじみ深い庶民の味。

小（シャオ）菜（ツァイ）

早さはピカイチ、メニュー界のトップランナー

参考価格：小菜。左から秋葵、豬頭皮、豆干（各30元）。MAP ▶ P.140 26

空腹でたまらない、という時に強力な助っ人となるのが小菜と呼ばれる小皿料理の存在。作り置きされていることが多いので、通常の料理より出てくるのが早いのだ。ちゃちゃっと要領よく頼んで、できればメイン料理が来るまでつついて待ちたい。野菜、肉、豆腐などバリエーション豊富で量も少なめ。すばらしい。

現地の人はこう食べる。

★メインのおかずとして、あるいはもう少し何か食べたいときに注文する。

★注文してから出てくるのが早いので前菜としてもばっちり。

memo

店により食材は違うが、食堂のメニューにはほぼ「小菜」と書かれた欄がある。そこに書いてあるものが小菜と呼ばれる小皿料理だ。メニューや店頭で注文する場合と、棚から客人が自分で料理を取りに行く場合がある。

こうしていろいろな小菜が並ぶ棚がある食堂が多い。見ながらオーダーできて便利。

燙青菜（タンチンツァイ）

茹でた何かです、茹でた

参考価格：燙青菜（35元）。MAP ▶ P.139 10

屋台や食堂でごはんを食べていると、陥りがちなのが野菜不足。そんな時はこの茹で野菜が頼もしい。茹でられる野菜はいろいろだが、基本的に選ぶことはできない。旬の「何か青い野菜」が茹でて出てくる、そのギャンブル性も密かに楽しい。何の野菜かわかったためしもないけれど……。

現地の人はこう食べる。

★肉料理をメインに野菜が欲しい時に注文する。
★野菜を茹でるのは炒めるのと同じくらい定番の調理法。茹でるか炒めるかを選べることも。

市場で売られていた青々とした野菜。さて、どんな野菜が出てくるか？　お楽しみ。

memo

茹でた野菜は滷肉汁（肉の煮汁）で和えることが多い。茹でられる野菜は、ホウレン草、地瓜菜、A菜、大陸妹などさまざま。

紅焼肉（ホンサオロウ）

名は同じなれど、姿は異なり

緑が赤く染まったチャーシューのような肉にショウガをのせておいしそうに食べる幼稚園児くらいの男の子とお母さん。ある店ではカラッと揚げたこってり系の紅焼肉を、朝ごはんとともにおじさま方がたしなむ。店により見た目も味もガラリと違う紅焼肉。その違いに店のこだわりを見る。

現地の人はこう食べる。

★海山醤という若干甘めのソースをかけることが多い。
★麺やごはんものなどのサイドメニューとして注文する。

参考価格：紅焼肉（25元）。MAP ▶ P.138 8

memo

店によって調理方法が異なる。豚肉の赤身と脂身が均等な三層肉と呼ばれる部分を使用して、ころもをカリッと揚げてジューシー感を出す店もあれば、赤身肉を切り身の縁が紅くなる独特のソースに漬ける店も。

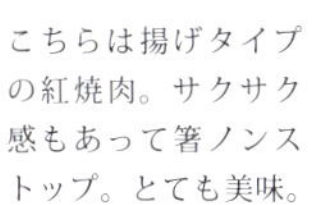

こちらは揚げタイプの紅焼肉。サクサク感もあって箸ノンストップ。とても美味。

参考価格：紅焼肉（45元）。MAP ▶ P.139 13

菜脯蛋（ツァイフーダン）

どシンプル上等！　中華風オムレツ

まるでパンケーキのような面構え。ただし漂う香りは卵と油の香ばしくもそそる、まさしく料理のにおい。ふんわり玉子に包まれた干しダイコンの塩味がほんのり効いていて、優しい味わい。素材、作り方、ともにシンプルこの上ない家庭料理だが、高級料理店にもメニューとして名を連ねる。

現地の人はこう食べる。

★添えてあるスプーンでザクザク取り分けながら大勢で楽しむ。
★干しダイコンと卵だけのごくシンプルな家庭料理。家でも作る。

参考価格：菜脯蛋（小／208元）。MAP ▶ P.142 

意外と厚みのある玉子焼き。ふんわり感を楽しむなら、アツアツのうちに食べたい。

memo

干しダイコンを軽く洗って塩を落としてみじん切りし、たっぷりの油の中でざっと炒める。黄金色になったダイコンを溶いた卵の中へ入れ、かき混ぜてから再度中華鍋へ戻す。フワッとさせるコツは、卵を溶くときに少量の水を加えること。

滷（ルー）味（ウェイ） 盛り合わせ

見た目と味のギャップがすごい

参考価格：豆干（20元）、滷蛋（10元）、海帯（20元）。MAP ▶ P.140 24

夜市、食堂、あらゆる場所にこの漢字は踊る。おでんのように煮込むもの、出来合いを切り分けるタイプなど様子は微妙に違うけれど、基本は醤油の煮物だ。見た目は怖いが味はよい。寒い日におでんタイプの屋台の前で、学校帰りの学生が真剣にザルに具材を入れていたのが印象的だった。

現地の人はこう食べる。

★豆干、滷蛋、海帯の組み合わせが定番。プラス豆皮、タケノコ、牛肚、牛肉など。
★夕方から開く屋台が主なので、夜食として好む人も多い。

memo

「滷」とは調理法の一種で、醤油をベースに香辛料や漢方食材を入れたスープが滷汁。滷汁に食材を入れ、とろ火でしっかり味がつくまで煮込めば完成。冷めた「冷滷」と作りたての「熱滷」がある。おやつやおつまみになる「冷滷」は、煮込んだ食材を冷ましたもので、指させばすぐ切って袋に入れてくれる。「熱滷」は選んだ食材を煮立っているスープに入れて茹でる。スープにネギ、酸菜を加えてくれる。王子麺やビーフンなどを入れて主食にすることも可。野菜もたっぷりとれるのでおかずにもなる。

お１人さまへ。

１人旅をしていると、夜市などで肉や油ものに偏った食事になりがち。そんな時の救世主が１人火鍋と自助餐だ。どちらも野菜が豊富にとれて栄養バランスばっちり、注文が難しくないのもうれしいところ。めくるめく１人ごはんの世界へようこそ。

参考価格：セットメニュー（200元～）。MAP ▶ P.139 16

迷你火鍋（ミーニーフォグオ）

気軽に入れて栄養満点

１人鍋専門の店があり、気軽に入れる雰囲気が魅力。セットを頼めばいいので注文も簡単。肉類は豚、牛、羊などを選択。海鮮や野菜のセットもある。メイン具材のほかに豆腐、トウモロコシ、練りものなども鍋に入っている。平日は出勤族が多いが、栄養バランスがよいので女性にも好まれる。

昼時にもなると満席。鍋や鉄板焼きなど、温かいものがすぐ食べられるところが台湾では人気だ。

ネギ、ニンニク、トウガラシ、沙茶醤が薬味。ゴマダレなどをセルフで足せる店が多い。酢や醤油もお好みで。

春雨とサラダ菜などは目の前に置かれるので自分で入れる。ごはんは別途注文。飲みものはフリーなのでセルフで注ぐ。

自助餐（ズージューツァン）

好きなもの、好きなだけ

街のいたるところにあるビュッフェ形式の食堂のこと。小さな店でも数十種の料理が並び、価格は量と単価で計る。主食、野菜、肉、魚、多種多様なその日のメニューが彩りよく並び、旬のものを食べられる。野菜や魚を食べたい時は特におすすめだ。料理を自分で取る店と、店の人に取ってもらう店がある。

参考価格：魚とおかず５品＋ごはん（80元）。MAP ▶ P.142 37

左／この「自助餐」の漢字が目印。右／ピークはランチタイムなので、それより少し早めが出来立ての料理がどんどん並ぶいいタイミング。スープはセルフサービスなので自分で入れる。マイ弁当箱を持ってくる人も。

小菜 25
酸辣細粉 50
肉絲細粉 60
牛肉細粉 110
火腿蛋炒飯 80
肉絲蛋炒飯 80
牛肉燴飯 110
素椒炸醬麵 70
紅燒牛肉麵 110
炸菜肉絲麵 60
炸醬麵 60
担担麵 60
餛飩麵 60
牛肉湯麵 60
酸辣麵 50
餛飩湯 60
蛋花湯 35
紅油炒手 60
酸辣炒手 60
肉絲涼麵 70
炸醬涼麵 70
醬涼麵 60

6
賣 湯 湯
20 45 55 45
創立

小腹にドン

街歩きをしていると、たびたび小腹が空いてくるもの。そんな時スナック菓子もいいけれど、台湾には気軽に食べられる美味なる間食がある。さらっと食堂に入って一休みしながらでもよし、テイクアウトして食べ歩きするもよし。これぞ旅の醍醐味。

THE NORTH FACE

荷包蛋（ハーバオダン）

半熟のキミが愛しくて

要するに目玉焼きのこと。いい具合に半熟の黄味をつぶすのをためらって、白身から食べるとすでにそこでうまい。たまらず黄味をつぶすと、トロ~リと垂れる流れる美しい黄色。それがまた、たっぷりかけた台湾のとろみの付いた甘口醤油と相まって恐ろしくおいしい。ただの目玉焼きなのに、なぜこんなにおいしいか。おそらく秘密は花生油と鉄板だと予測。日本で食べるのとは少し違う、台湾風味の目玉焼き。写真のように魯肉飯の上にのせてカスタマイズするもよし、単品で頼むもよし。単品の場合は恥ずかしがらずに黄味までしっかり残さずに食べたい。台北の西門町。昼下がりの若者多き繁華街で、彼らはスイーツではなくおかずをつついていた。

現地の人はこう食べる。

★甘みとトロみのある醤油膏をかけてもおいしい。

★家庭で作るお弁当に入っていることも多い。日本人の玉子焼きのような感覚。

上／店内にかかったメニュー表。右から７個目が目玉焼き。二粒とは２個のこと。２個いっしょに焼いた目玉２つのものが出てくる。

左／大きな鉄板で焼かれる目玉焼き。焼いているおじさんの手さばきに見惚れる。　右／定番飲料のアップルサイダー。デザインもかわいい。

memo

作り方は花生油などたっぷりの油に卵を落とし、底が固まったら塩や醤油をかけてひっくり返す。店では大きな鉄板で焼く姿を見かけることもしばしばで、それを見るもの一興。。焼き上がればさらに醤油を軽くかけることもあり。黄身は半熟であるべし、が鉄則だ。

参考価格：荷包蛋（二粒／20元）。魯肉飯の目玉焼きのせは「魯肉飯　加蛋」で注文（35、45、55元）。MAP ▶ P.140 18

花捲（ホワジュエン）

夢中になるふかふか、もちもち

夜の7時に、台湾人の友人と台北の中山駅で待ち合わせた。彼女おすすめのパイナップルケーキ店に向かう途中、ガラスケースの中に白や茶色、薄紫などのこぶし大ほどのマントウが並び、ケースから湯気が漏れ出している店の前を通りがかる。彼女はちょっと待ってねと、あれよという間に花捲を買って持たせてくれた。薄いビニール袋に入った白い大きな物体。食べながら歩こうよという提案のまま、ちぎっては食べ、ちぎっては食べ――そのふんわり感に驚きを通り越して失礼ながら無言で食べまくっていた。薄っすらと塩味で、ふかふかで、もちもちで。そして彼女曰く「食べきれなかったら明日の朝ごはんにしてね」。翌朝の花捲は、冷めてもおいしかった。

現地の人はこう食べる。

★ごはん時の主食代わりとして、家族分をたくさんまとめ買いしていく人も多数。

★1個だけ購入しておやつ感覚でも食べる。

★一口サイズにちぎりながら、食べ歩きするのもOK。

memo

ネギを練りこんだマントウ。皮の部分は強力粉と薄力粉、油、塩、ぬるま湯、イースト菌に砂糖から成る。皮はほんのり甘いが、全体的には塩っぽい味。棒状にした皮を何回も巻きながらネギを散らしていき形作り、蒸す。蒸しあがった花捲は弾力性もあり、もちもちとした食感で美味。

左／具がネギのシンプルな、チヂミのような葱油餅（100元）。ピザのように切り売りする。
中央／つやつやと美しい特級黒糖（25元）は黒糖の香りと甘さが秀逸。黒糖好きは必食。
右／黒糖マントウを買った店の様子。歴史を感じる赤い看板がかっこいい。

参考価格：花捲（15元）。MAP ▶ P.140 21

甜不辣（ティイエンプラー）

練りもの祭り

名前はテンプラだけれども、おでんに似ている。小さなお椀に山盛りの煮込まれた具材。具は練り物率が高い。夜市などでテンプラといえば練り物系のことを指すことがほとんどだというから、まぁなるほど。たまに豚の血を固めた餅が入っていることもあるが、それは好き嫌いが分かれそう。

現地の人はこう食べる。

★夜市では大体1種類なので、多種を食べたければ専門店へ。
★ソースは甘辛い。お好みで醤油やトウガラシなどを足す。
★具は選べる。フォークで食す。

参考価格：甜不辣（小／50元、大／65元）。MAP▶P.141 29

memo

中国語読みすると、テンプラ。語源はまさしく日本の天ぷら。盛り合わせを注文すると、その中身はダイコン、揚げ豆腐、米血糕、さつまあげのような天ぷら2種、タラの魚団子、ちくわ、魚巻など。ソースは味噌、トマトソース、ニンニク、醤油膏などを混ぜた店それぞれの特製だ。おやつ感覚。

テーブルの上にあるトウガラシや醤油でソースの味を調整しよう。

肉(バー)圓(ワン)

葛餅の中身は肉でした!?

厚い皮に、肉やタケノコが入った具がたっぷり。不思議議な食感。甘いソースは臆することなくどっぷり浸けて食べるが吉だ。揚げる前の肉圓はさながら葛餅のようで、摩訶不思議な様相。屋台などでそれが並ぶ姿は和菓子店にも見える。夜市ではミニ肉圓などもあり、当たり外れは少なめだ。

現地の人はこう食べる。

★甘辛いソースがかかっているが、お好みで醤油などをかける。
★皮を切って、中身とソース、すべてを混ぜて食べる。
★小皿なのでおやつにも。

参考価格：肉圓（40元）。MAP ▶ P.141 32

memo

台湾中部の彰化が発祥地。サツマイモの粉や片栗粉、米粉で作ったもちもちの半透明の楕円形の皮に、中には豚肉やシイタケ、タケノコなどが入っていて、油で揚げてある。甘辛いソースをかけ、香菜を散らす。台鉄「彰化」駅周辺に、有名老舗店が集中している。

左／肉圓を揚げている様子。くらげにも見える。　右／中には肉をはじめとした具がぎっしりたっぷり。

潤餅（ルンビン）

野菜たっぷりヘルシー

大きな鍋でグツグツ煮込まれた材料を、クレープ生地のような薄い皮の上に並べてくるくる巻いてくれる。それをラップかビニール袋に包んで完成だ。主役はモヤシのしゃくしゃく感。想像よりもかなり甘さが強く、思いのほか大きいので、甘いものが苦手な人は一人で完食が難しいかも。

現地の人はこう食べる。

★ラップを剥がし直接食べる。
★自分で具を選べる。
★皮の内側に塗るソースは甘いの、塩味、辛いの、カレー味などさまざま。

参考価格：潤餅（50元）。MAP ▶ P.139 15

memo

習慣として北部は過年（旧正月）に、台湾南部は清明節にいただく。旧正月に食べるのは、年越しの余ったおかずを包んで食べることで、その年不自由なく、幸せに過ごせることを願っている。中身はキャベツ、ニンジン、モヤシ、かつおぶし、豆干炒め、花生粉、香菜、魚鬆、海苔の粉末など。甜辣醤を皮の内側に塗ったりする。皮は薄くてもちもち。中身は野菜ベースでヘルシー。

中央に分けられているのはモヤシ。ほかの具と混ざらないよう煮る。

碗粿（ワークェ）

見た目から味情報ゼロ

第一印象はプリンのような、見た目からまったく何かわからない料理。勇気を出して台北で食べてみた碗粿は、トロみのある砂糖醤油のような味がする、伸びない餅のような感じだった。満腹感がすごい。この写真を撮らせてもらった専門店では昼時、満員御礼。北部の人々にも愛されている。

現地の人はこう食べる。

★まず十字に切り込みを入れ、一口サイズに切ってソースを絡ませて食べる。おやつ的存在だが台南は朝に食べる人も多い。
★台南では短い竹串１本で食す。

参考価格：碗粿（40元）、貢丸湯（30元）。MAP ▶ P.139 17

memo

本場は台南。米を擦った粉に水を加え、豚肉や干しエビを入れて味付けてお碗に入れて、蒸しあがったらでき上がり。ニンニクの効いたソースをかけて食べる。

左／二つ合わせるように重ねて置かれている碗粿。
右／付け合わせには団子がおいしいスープ貢丸湯がおすすめ。

茶葉蛋（チャーイェダン）

中まで優しく煮えてます

背の低いおばあさんが番をしていたおにぎりの屋台で、テーブルの上の電気釜に山盛りにされた玉子があった。看板には滷蛋と書いてあったけれど、これ茶葉蛋ですか？　と聞くと「そうだよ」とのこと。しばらく見ていると、おばあさんが孫の手を出してきて、玉子の山から一つずつ手にしては孫の手でコツコツと叩いてひびを入れていた。コツコツ、コツコツ、コツコツ、延々コツコツ。丁寧かつ絶妙な力加減で、釜に入っていたすべての玉子の殻を叩く。そして色が薄いものから順に、底にくるように釜に入れなおす。そうすることで味を均一にしているのだ。玉子はしっかり味が中までついていて、見た目の濃い色からは思いもしない優しい味だった。

現地の人はこう食べる。

★そのまま剥いてパクッと。
★鍋底の濃い色の玉子の方が上のものよりも味が浸みているので、底の方の玉子を選ぶ。
★コンビニでも購入できる。コンビニでは自分でトングを使い玉子を取り、近くにあるビニール袋に入れたものをレジに持って行く。玉子はかなり熱いので、やけどには注意する。

memo

醤油、五香粉、茶葉汁などで長時間煮込んだ味付き茹で玉子。乾物街には茶葉蛋用のパックも売っているので、それを買えば自宅でも茶葉蛋を作れる。味をしっかりとしみこませるために殻に細かい割れ目を入れておくのがコツ。子供たちが大好きなおやつの一つ。

殻を剥くとことのほか手が煮汁でベタベタになる。外で食べる場合は、おてふきが必須アイテムかも。

持ち帰りはビニールに入れてこのような感じ。ビニールは薄くてかなり熱いのでお気を付けを。

参考価格：茶葉蛋（8元）。大体のコンビニで購入可能

蚵仔煎（オアジェン）

台湾屋台の顔といえばコレ

新鮮なカキがたくさん入ったカキオムレツは、台湾の夜市の人気メニュー。オムレツといっても食感はお好み焼きに近い感じで、カキに到達しなくても皮の部分がすでに味わい深い。大きな鉄板で次々に作られては運ばれていく様子は活気があり、賑やかで楽しい。華麗な鉄板捌きにも注目だ。

現地の人はこう食べる。

★店特製の甘辛いソースをたっぷりとかけて食べる。

★人気店はいつも長蛇の列だが、人気店には長い時間かかっても根気よく並ぶ人が多い。

参考価格：蚵仔煎（65元）。MAP ▶ P.139 11

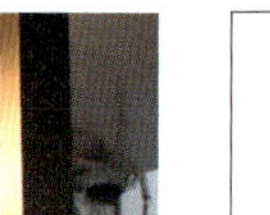

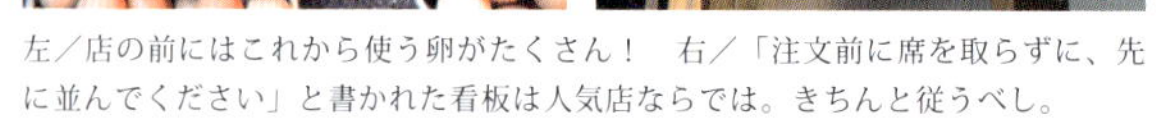

左／店の前にはこれから使う卵がたくさん！　右／「注文前に席を取らずに、先に並んでください」と書かれた看板は人気店ならでは。きちんと従うべし。

memo

台湾の代表的な小吃。夜市の定番料理。平たい鉄板に卵を落とし、新鮮なカキも炒めた後、片栗粉とサツマイモ粉を溶いた水で綴じて青菜を足す。

割包（クーバオ）

角煮ガッツリ台湾風バーガー

参考価格：割包（50 元）、三鮮丸湯（35 元）。MAP ▶ P.139 15

よく煮込んだ角煮を、大胆に挟み込んだオープン式マントウ。ハンバーガーに似ていることから台湾風バーガーと称されることの多い割包は、ボリューム満点の食べ応え。密かにまぶされたピーナツ粉が香ばしいアクセント。注文してから作ってくれるので温かく、冬のカイロ代わりにも。

現地の人はこう食べる。

★香菜が味を引き立たせるが、嫌いな人はオーダー時に「不要放香菜」と店の人に伝える。
★間食としても食べる。ごはんとする場合はスープを付ける。

memo

刈包とも書く。楕円形のパンに豚肉、酸菜（漬物）、香菜、花生粉を挟んで食べる。パンの皮はふわりとしなやか、甘みもあり。肉は脂身の多い肥肉か赤身の多い痩肉、あるいは両方入った肉を選べる店もある。割包がお金のいっぱい入った財布を食べる虎に似ていることから、一年間のよくなかったことを全部食べてしまおうと、台湾では旧暦 12 月 16 日の尾牙（忘年会）に食べる風習がある。

カジキ、サメ、豚肉の団子スープ三鮮丸湯で肉×肉のハーモニーを楽しむのも乙なもの。

葱抓餅（ツォンジュアビン）

食べ歩きスナックの王

参考価格：葱抓餅（35元）。MAP ▶ P.141 31

台北でも他都市でも、大体の街角で売られている定番中の定番食べ歩きスナック。それが葱抓餅だ。店によって多少の差異はあるものの、味や見た目のブレも少ない。台北の西門町で食べたものも、高雄の旗津で食べたものも、どちらも最高においしかった。この半端じゃない安心感は長旅にはうれしい。ただしアッツアツなので火傷注意。

現地の人はこう食べる。

★食べ歩き可。街歩きのお供に。
★醤油多めや辛いの多めなど、細かなオーダーもできる。
★卵はトッピングだが入れる人がほとんど。ぜひ入れて欲しい。

memo

中国山東省からやってきたが、今や台湾おやつ定番の１種に。小麦粉に砂糖や塩、ネギを入れ、焼く時に好みで中華バジルや卵、チーズやハムなどを加える。焼いた表面はサクッ。中はふわふわっ。このふわふわ感は、焼く時に空気を入れ込むことによるもの。

右／ソースはたっぷりが美味。辛いものが苦手なら「不要辣」と伝えて。
上／丸く焼いて折りたたむ。

ちょこっと休憩

みんなでエンタメ！

最初に見かけたのは、新竹からのローカル路線・内湾線の終点「内湾」駅の阿珠擂茶という専門店で。3人組の若い男女がきゃっきゃ言いつつ実に楽しそうに混ぜていた。その次に見たのは台南のお洒落カフェ、窄門咖啡館で女子２人がまぜませ。完成品をオーダーもできるけれど、数人で行くなら一度は試してみたい！

擂（レイ）茶（チャー）

すりすり、まぜまぜ

栄養満点の擂茶は客家人の伝統的な飲みもので、「擂」は「研磨する」の意味。本場客家人の擂茶の粉は20種ほどの材料からなり、緑豆やアズキ、黒豆などの豆類や穀類のほか、ハスの実をはじめ漢方薬も入っている。体験できるタイプの擂茶は入れるものの種類を減らした簡易版。かなり飲み応えがあり、お抹茶に似た味わい。

参考価格：擂茶（4人前、茶菓子付き／120元）。MAP ▶ P.140 27

擂茶の入れ方

1. すりこぎで黒ゴマ、白ゴマ、落花生を擦る。固形状なので、まず細かく砕くようにしてから擦り始める。すりこぎの真ん中を中央に、斜めに構えて上部を回すとだんだん細かくなっていく。かなりの力と時間が必要。
2. 香りがし始めたら、ゴマなどのエキスが出てきたということ。粉状に近い状態にもっていく。
3. 黒ゴマ、白ゴマ、落花生が粉になったら、緑茶粉を加える。
4. さらに烏龍茶を注いで、緑茶粉が混じるようにかき混ぜる。
5. 好みで、米香（米のポップコーン）を入れる。
6. でき上がった擂茶を湯飲み茶碗に注ぐ。完成。

力を合わせてまぜまぜタイム！

請勿餵食
我叫芭辣，愛我請勿餵我

彰化肉圓
甜不辣
蚵仔麵線
小菜青菜滷味
魯肉飯
米粉炒
豬肝湯
當歸鴨
冷氣開放
彰化肉圓・正元祖當歸鴨・雞肉絲飯
甜不辣 50

麺もの

簡潔なビジュアルとは裏腹に、麺の一本、出汁の一滴、具材の一切れにいたるまで店主たちのアツい想いが込められているのが台湾の麺ものだ。簡単そうに作っていても、そこには少しでもおいしいものをという愛が詰まっている。たかが麺、されど麺。

米苔目（ミータイムー）

優しい出汁の切れたうどん

台湾の東部、豊かな自然とのんびりした街の雰囲気が心地よい台東のドミトリーに泊まった時のこと。管理人の一人である若きオシャレメガネ君が「台東に来たら絶対これ食べた方がいいよ、食べるならここね」と教えてくれたのが老東台米苔目という店だった。「日本のうどんみたいだよ」と教えてくれた米苔目は、まさにその言葉通り。スープは関西風を思わせるようなあっさり滋味豊かで、それだけで疲れた胃腸が喜んでいる気がする。麺もツルリと食べやすくて、短い麺をスプーンでスープと一緒に飲む感覚がまた優しい。旅の途中、慣れない食事に胃がもたれたら、まずはコレを一椀。大小サイズがある時は、ごはん茶碗程度の小サイズが食べやすくていい。

現地の人はこう食べる。

★箸ではなく、スプーンで麺ごとすくって食べる人多し。

★スープのおかわりは基本的に無料なので、スープだけを足してもらうことも。

memo

ライスヌードルのこと。米を粉状にして水で溶いて作った麺をサツマイモの粉と混ぜてあるので、若干の歯ごたえもある。「米苔」という竹製の道具でこねた後、「米苔」の穴から押し出し、それを大きな鍋で茹でたものが「米苔目」。直径5㎜弱の丸い麺で、うどんのように見えるがブツブツ切れる。スープあり・なしの麺以外に、スイーツの具材としても使用されるのが特徴的。アズキ、タロ芋の団子、緑豆などと一緒に氷をどっさりのせ、黒糖シロップをかけて食べるのが台湾伝統のかき氷。

左／麺のお供に小菜は定番。下から厚揚げのような油豆腐、歯ごたえが面白い豬皮、肉らしい味の嘴邊肉。人気の品々。右／出社前？　朝ごはん中のすてきなお姉さん。

「スープを追加する方は、お椀をこの机の上に置いてください。追加したら自分で席に持って帰ってください」と書かれた看板。「加湯」でスープを加えるという意味。なんて良心的なサービス。

参考価格：米苔目（30元）、油豆腐（1個／10元）、豬皮（20元）、嘴邊肉（40元）。MAP ▶ P.138 5

麺線（ミェン シェン）

会えないだけに、募る恋しさ

台湾に来たら毎回必ず食べてしまうベストスリーに入るのが、この麺線。その中でも特によく見かけるのがカキやモツの入った大腸麺線だ。カツオ風味のするトロみのついたスープに、溶けるかと思うほどよく煮込まれて柔らかくなった素麺のように細い麺。最後にかけられるソースはニンニクが効いていて、そのニンニク感がまたすばらしい！　日本帰国後も食べたくて探したがなかなか見つからなかったこの味に、恋しさが募る日々。だからこそ台湾に来るとその想いがあふれて、何度食べても飽きることがない。夏の暑い日には汗をかきながら、冬の寒い日は麺で暖をとりながら。まさにオールシーズン美味な麺料理。チェーン店もおいしくてポイント高し。

現地の人はこう食べる。

★汁なし、汁あり、豚足やカキ、モツ入りなど多様。店によりけりなので食べたいもののある店へ。
★大腸麺線は濃いめの味付けなので、飲み物は酸梅湯など酸っぱい系かさっぱり系を。
★好みで酢やトウガラシを加える。そのまま食べる人も多い。
★朝食から夜食、間食にまで、時間を問わず食べる。

memo

麺線には、細く長くという長生きの意味があるので、年配の方の誕生日にも食べられる。日本の素麺と違い、塩味が強い。茹で過ぎるともったりと糊状になってくる。カキやモツ類と煮込む場合は片栗粉も加えさらに糊状にし、醤油やニンニク、カツオ節で味を出し、香菜を上に散らす。

1. そのままでも十分おいしいが、テーブル上にある調味料で味を変えて楽しんでも。
2. 酸梅湯は梅味のジュース。梅と漢方的な苦みのあるかなり独特の味わいだが、大腸麺線にはよく合う。
3. 屋台などでもよく見かける台湾ソーセージは驚きの甘さ。でもおいしい。山豬香腸。
4. 昼を過ぎても賑わう店内。

参考価格：蚵仔大腸麵線（小／40元、大／60元）。MAP ▶ P.139 14

陽春麺（ヤンチュンミェン）

ベスト・オブ・ベーシック麺

参考価格：陽春麺（40元）。MAP ▶ P 142 40

台北の街角。朝も早よから店のおじさんたちがグツグツ麺を茹でる食堂では、客足は絶えずに麺がどんどん茹で上がる。我々のオーダーした陽春麺も淡々と作られ運ばれてくる。その味はびっくりするほどあっさりで、素朴。モヤシのしゃきしゃき感が朝の爽やかさを引き立ててくれるようだ。

現地の人はこう食べる。

★汁あり（湯）、なし（乾）をオーダー時に選ぶ。
★もっともシンプルな麺なので、小皿料理の注文は必須。汁なしの場合はスープも別途注文する。

memo

麺屋さんの基本麺。具のほとんど入っていない素の麺なので一番安い。麺は平たい。麺の種類は油麺ほかいろいろ。ニラとモヤシがのり、油葱酥とセロリが風味を添える。

おかずとして小菜の盛り合わせを。豆干（干し豆腐）、滷蛋（煮玉子）、海帯（ワカメ）でヘルシーに。

仕上げにサラッと麺にかけるラードがおいしさの秘密と見た！

担仔麺（ダン ザイ ミェン）

台南発祥の名物麺

あっという間に食べ終わるミニサイズ。台南の名店・度小月で食べた担仔麺は、その小ささがうらめしくなる味わい深さだった。南部の食べ物なので、それ以外の地域では正直、不思議な味わいのこともある。けれどもその違いも旅の醍醐味。エビの出汁が染み出たスープは、一食の価値あり。

現地の人はこう食べる。

★汁なしか汁ありが選べることもある。

★麺かビーフンかも選べる。麺の方がポピュラー。

参考価格：担仔麺（40元）。MAP ▶ P.142 39

memo

台南発祥の麺。日本のごはん茶碗ほどの大きさ。麺の上に豚肉そぼろをかけ、エビと豚肉の切り身ものる。スープはあっさり。香菜、ニンニクペーストなどがのる。

小さな麺なので食事として考える時はサイドメニューをオーダーしたい。茹でた葉野菜の燙青菜はあっさり味同士ですっきりまとまる。

炒米粉（ツァオミーフェン）

ライトな味の炒めビーフン

鉄板で豪快に炒められたビーフンが、おいしくない訳がない。油を吸った細いビーフンに野菜と肉が絡まって、もっちりシャクッとした歯ごたえ。濃すぎない味付けもよし。ただし店で頼んでも屋台で頼んでも一皿の量が多いことがほとんどなので、ちょい食べには向かないかもしれない。

現地の人はこう食べる。

★ガッツリ食べる時の主食に。
★米粉の調理法として一般的なのが炒めることだが、それ以外にスープにしてもいいし、サラダにも活用する。

参考価格：炒米粉（小／188元）、醃蜆仔（小／198元）。MAP ▶ P.142 36

味の濃いシジミの醤油漬け醃蜆仔は、ライトな味付けの炒米粉に合う。台湾ビールもぜひ一緒に。醃蜆仔は調子がよくない時は食べ過ぎに注意。

memo

米粉とはビーフンのことで、コシがあってちょっとツルツル、独特な風味を持つ。台湾でビーフンの産地は新竹と埔里だが、新竹産は太めでコシがあるため調理前にはお湯で戻す水粉という種類。中部の埔里産は、細くてフワフワとした食感の水でさっと戻せる炒粉。重量感が欲しいのなら新竹産がおすすめ。キャベツと豚肉の線切りだけでもおいしく食べられる。

意（イー）麺（ミェン）

甘くて緩やかな玉子麺

ちゅるっとした心地よい舌触りで、ソースの味付けはやんわり甘い。昼に入った麺店の近くのテーブルで、小さな男の子がおいしそうにお母さんとこの麺を食べていた。なるほど、食べやすくちょっと甘い味は、子供向けの甘口カレー的な感じもする。子供が好きそうな要素ありと見た。

現地の人はこう食べる。

★汁なしでいただくのが一般的。
★運ばれて来たら、まずは手早くかき混ぜる。
★小さいので、スープや小皿料理のサイドメニューを合わせる。

参考価格：意麺（25元）。MAP ▶ P.138 8

memo

小麦と卵をこねて作ったちぢれ状の麺。ニラやモヤシがのって、ラード、甜麺醤、米酒、調味料、香料、味噌、自家製の甜辣醤（自家製）などを絡めた特製ソースをかけている。

少し緩くて心地よくて、それが愛おしい。意麺の味わいのように、のほほんとした風景。

麻油麵線（マーヨウミェンシェン）

ものすごくピュアなヤツ

具なし、汁なし、麺だけ。究極のシンプルさに度肝を抜かれた。店の人がどうぞとすすめてくれたから頼んでみたものの、見た目に不安がよぎりまくる。ただただ白い麺があるばかり……。取りあえず下にわずかながらにある汁と麺を撹拌して、汁を全体に行き渡らせた。実食。即、この料理が運ばれて来たとき以上の衝撃波がやって来た。確実にうますぎる。ゴマ油の香り、にごりのない塩味、余計な物が一切感じられないピュアな味わいに、アイドルタイムで人がいない薄暗い店内すらいい雰囲気に思えてきた。麻油麺線、名前を見たら食べるべしと心に刻んで。ただ冷めてくると一気に麺がもったりと固まってくるので、温かいうちに一気に食べてしまいたい。

現地の人はこう食べる。

★汁がないので、冷めないうちにまずかき混ぜて麺と汁を均等に絡ませる。

★おかずに対する白ごはん的な扱いで、主食のひとつとして食べる。

1・2. ノスタルジーあふれる店の様子はどこを見ても絵になる。黄昏時、まったりと。　3. 2階の客席へは、この料理専用エレベーターが活躍。

memo

麺線をさっと湯がいて、手早く麻油雞スープと絡めたもの。ゴマ油と塩のシンプルな味付けで、朝から「麺」という家庭では、朝ごはんとしても作られることもある。茶油や花生油、調味料、出汁、ニンニクのみじん切りなどに絡めて食べる。

参考価格：麻油麺線（30元）。MAP ▶ P.139 10

涼麺（リャンミェン）

真夏のヒーロー

一見スパゲティミートソースか、冷やし中華か。どちらかと言えば後者に近い。太めの麺にはゴマダレがたっぷりとかけられていて、味付けはややこってり系の冷たい麺だ。体を冷やすといわれているキュウリも惜しげなく添えられているので、暑い台湾の夏に食べれば体の中から納涼できる。

現地の人はこう食べる。

★朝食として食べる人もいる。
★生来熱い食べ物を好む台湾人なので、売れるのは主に夏場。
★常温で汁なし。ピーナッツにニンニクを入れた醤油ベースのタレと絡めて食べる。
★サイドメニューに頼むスープは味噌湯（味噌汁）が一般的。

参考価格：肉醤涼麺（中／55元、大／65元）。MAP ▶ P.141 33

memo

ゴマダレ風味の上に通常はキュウリだけがのるが、豚肉の細切りや鶏肉のササミの細切り千切りがのるものもある。店によって麺とゴマダレ味に特徴がある。

持ち帰りのスタイル。タレは小袋に入っているので食べる前にかける。

麻醤麺（マージャンミェン）

ゴマダレ好きに朗報

これでもかというほどのゴマダレを味わえる。といっても日本のゴマダレほど味は強くなく、マイルドかつ薄味。ともすると若干物足りなく感じるかも。そんな場合はトウガラシや調味料で刺激をプラス、するといい具合に味が変化する。台湾コーラの異名を持つ黒松との相性はなかなか。

現地の人はこう食べる。

★汁がないので冷めないうちに手早く撹拌する。そうしないと冷めるにつれて麺が団子に固まってしまうため。

参考価格：麻醤麺（45元）。MAP ▶ P.142 40

memo

茹でた麺に店特製のゴマベースのタレをかけたもの。ゴマ味は店によって、特徴あり。温かい麺。

左／慣れた手つきで麺を茹でていく店の人。大なべでグツグツ。　右／少し漢方のような味もする黒松沙士は、食事時にしばしば見る昔ながらの飲み物。

板條（バン ティアオ）

きしめん風の平たい麺

台北の大通りを脇に入った狭道にある、板條の専門店で。夕飯には早く、かといっておやつでもないだろう時間帯にも客の姿。丹精込めて作られた板條は、汁なしでシンプルにも、熱い汁を入れて肉をのせても、どう食べても麺の存在感、食感が際立つ。時間を問わず恋しくなる気持ちに同感。

現地の人はこう食べる。

★まず汁なし、汁ありを選ぶ。
★薄味なので、好みで胡椒やトウガラシなどを足す。

参考価格：乾板條（小／40元、大／55元）、雞捲（40元）。MAP ▶ P.142 38

memo

客家人の麺。形はきしめん風。米粉を糊状にして平底鍋に敷いて蒸し、固まったものを幅太に切ったもの。あっさりとして消化によい。糊状の段階で野菜の汁などを加え、麺に色を付けることもある。

左／油で揚げてある練りものの雞捲は、もう一皿にぴったり。　下／店主が半月に一度手作りするという自家製激辛調味料。じっくり寝かせた深い辛味が魅力的。調味料系は手の込んだ店オリジナルが多く、あなどれない。

牛肉麺（ニウロウミェン）

ホロホロほどける肉塊が爽快

参考価格：紅焼牛肉麺（小／200元、大／230元）、粉蒸排骨（110元）。MAP ▶ P.141 28

こんなに大きな牛肉、どうせ硬くて筋張っておいしくないでしょ、と思っていたのは間違いだった。台北の行列ができる牛肉麺店で食べた紅焼牛肉麺の、肉のホロホロとした柔らかさ、臭みのない味わいはまさにヘビーローテーション級。

現地の人はこう食べる。

★スープはあっさりの「清燉」か、辛めの「紅焼」か選ぶ。
★肉は、「牛肉」「牛筋」「半筋半肉」（牛筋と牛肉半々）などから選択できる店が多い。牛筋・ハラ・腱・モモ肉など4種の部位が含まれる牛肉麺もある。
★店により味以外に麺や牛肉にも特徴があるので、台湾人は自分のお気に入りの牛肉麺店がある。

左／自由に入れられる高菜があることが多い。　右／サイドメニューも肉尽くしでいくなら、粉蒸排骨がおすすめ。

memo

紅焼牛肉麺は台湾生まれ。その昔、中国大陸から来た老兵が四川のスープと山東の麺を持って来た。それに台湾の牛肉が出会い、紅焼牛肉麺になったのだ。台北は牛肉麺店の激戦区でレベルも高い。中南部は牛肉麺店が少ないようだ。

乾麺（ガンミェン）

絡まる絡まる、麺にタレが

こんがり焼けたトースト、白いごはんと味噌汁は、日本の朝ごはんの風景。その朝ごはんの選択肢に〝麺〟が入ってくるのは台湾にいるからこその楽しみといえる。秋から冬に移り変わる季節の台北。少し肌寒いくらいの朝にもかかわらず、屋外のテーブルでたくさんの人が麺をすすっていた。半袖率の高さは、彼らの元気さ、健全さの表れのように見える。そんな老若男女が一心不乱に食べていたのが乾麺だった。乾麺専門店の渋みのある職人肌の店主が、心血を注ぎこんだ乾麺。高い訳でもなく、時間がかかる訳でもないのに、極上のうまさだ。ラードの微妙にコテッとした味わいと香ばしさの中に、いいようのない絶妙な塩加減。味も姿も美しい一品だった。

現地の人はこう食べる。

★麺が運ばれて来ると味を均等にするため、底から掘り出すように手早く混ぜる。
★もっと味がほしい場合は、醤油や酢を足すと美味。店によってテーブルには胡椒、酢、醤油、自家製激辛トウガラシ、微辛トウガラシなどが置いてあり、自由に使える。
★ネギが嫌いな人は、ネギ少なめ（蔥少一點）やネギなし（不要蔥）の注文も可。
★麺にスープと小菜を頼んで食べる人が多い。

memo

日本でいう生麺の反対の乾いた麺のことではない。汁なし麺のことを乾麺という。麺の種類はさまざま。茹でた麺をザルで湯切りし、碗の底にはラードと塩＋秘伝の味などのタレを入れる。

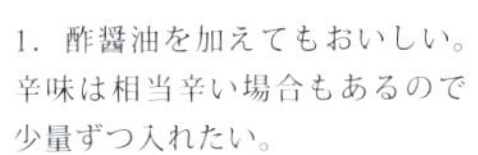

1. 酢醤油を加えてもおいしい。辛味は相当辛い場合もあるので少量ずつ入れたい。
2. 素早いながらも一椀一椀に魂がこもった仕上げ。
3. 麺のパートナーには蛋包魚丸湯をどうぞ。サメ肉の団子の中は豚肉でジューシー。
4. 屋外のスペースで食べると心地よい。自然と箸も進む。

1

2

3

4

参考価格：乾麺（小／30元、中／38元、大／45元）、蛋包魚丸湯（35元）。MAP ▶ P.140 26

雞絲麵（ジースーミェン）

湯を注ぐだけで、あふれる滋味

この麺に、鶏肉はみじんも入っていないことにまずびっくり。けれども鶏肉が入っていなくても十分に味わいがあり、むしろ麺自体の味を楽しむために具は野菜こそがベストとも感じる。そこにプラス玉子で完璧だ。同じ細麺でも生麺である麺線とはまったく違い、揚げてあるがゆえの少しざらっとした口当たりもいい。麺そのものの味加減は薄っすらといった感じだけれど、それがスープにも染み出していてまろやかな塩気になっている。ほかの麺とは一線を画する味わいに感動しつつも談笑しながらゆっくり食べていたら、どんどんと麺が伸びていた。麺が出てきたらささっと早めに食べてしまった方がよさそうだと気付いたころには、後の祭りだった。

現地の人はこう食べる。

★薄味なので、胡椒などを足す。
★麺そのものに塩味と油味がついているので、熱湯をかけるだけで食べることもできる。ネギや青菜、ワンタンを加える人も。
★玉子入りにするとおいしい。

memo

名前からすると、鶏肉のササミ細切り麺のようだが、実質はただの揚げ素麺。台湾の元祖インスタント麺ともいえる極細麺。一度揚げられた麺は食感が特徴的で、塩味と油味が麺自体についている。茹でる前の麺を販売しているところは少なく、乾物街などに行くと見られる。あっさり味で消化もよい。

麺の種類はたくさんあれど、変わり種の雞絲麵。探しても見つけるのはなかなかに至難の業だ。

平凡な台北の街並み。歩き回っていると意外に小腹が空くので、さらりと食べられる麺類は重宝する。

参考価格：**雞**絲麵（55 元、加蛋は 60 元）。MAP ▶ P.141 29

豬
心中有愛才有福
有付出才有所得

九龍
炒烏龍
滷味
雞腳
里長伯
里長伯

気になる夜市のアイツ

台湾旅行の最大の楽しみといって差し支えないだろう存在、夜市。新しく生まれては消えて行くメニューも数知れず。熱気渦巻くその一帯は、まさにいい意味のカオス。その中でもよく見かけるもの、偏愛をもっておすすめしたいものをピックアップ。

糖(タン)葫(フー)蘆(ルー)

甘くてフレッシュ！　赤レンジャー

屋台に近づくと甘い香りが漂ってくる。夜市でよく見る赤い串、中には間になぞの黒い物体が挟まっているものも……。その屋台の前に立っていると男の子がお父さんにそれをねだっていた。「どれがいい？」「イチゴ！」と、うれしそう。お次は若い女性。またもイチゴが売れていく。これはいけると確証を得て購入。イチゴは言わずもがなのおいしさで、酸っぱい果実と甘い飴のコントラストが抜群。しかしついでに買ったプチトマトの串が予想外だった。トマトと飴、なかなかにキッチュな組み合わせながらも、挟まっているプラムの甘みもあって非常に美味。得体が知れないと思っていた赤レンジャーみたいな見た目も、おいしさゆえに愛らしく思えてくる。

現地の人はこう食べる。

★子供や女性が好んで食べる。イチゴが人気。

★糖葫蘆を片手に、夜市を見て回りながら食べ歩くのが定番のスタイル。

★串が結構長いので、人込みでは人に当たらないように注意して歩くことが大切だ。

memo

日本の屋台で売っているリンゴ飴のようなもの。氷砂糖を溶かし食紅を垂らした飴に、トマトやイチゴを絡ませて作る。トマトとイチゴが主な中身で、トマトにはプラムが挟まっていることが多い。ちなみに中国大陸の糖葫蘆の主な中身はサンザシ。違いが面白い。

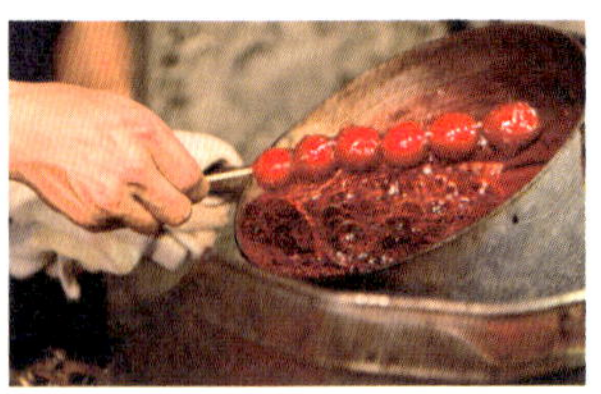

左上／飴をかける前の素材が屋台に並ぶ。　左下／オーダーすればその場でアツアツの飴をかけてくれることも。でき立ては飴が垂れてくるので気を付けて。

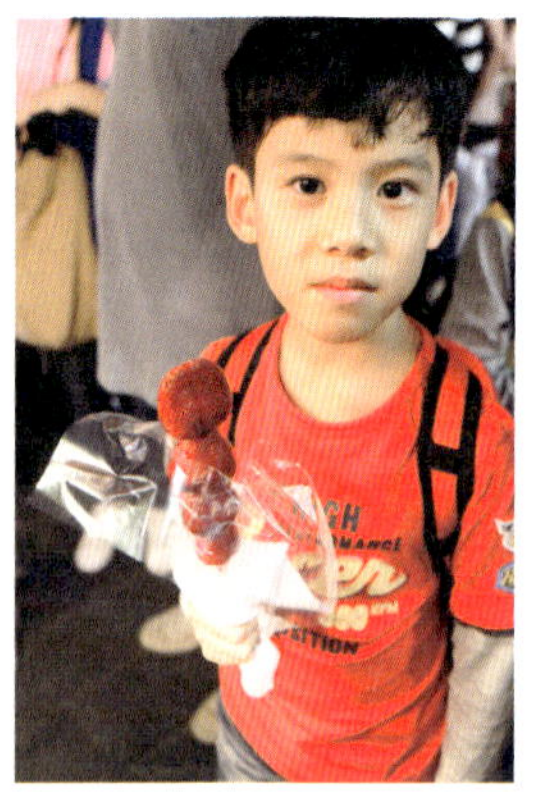

イチゴを買ってもらっていた男の子。写真撮らせてもらっていい？　と声をかけたら、きりっとかしこまってくれた。かわいい！

参考価格：糖葫蘆（イチゴ／60元、プラム入りトマト／30元、プラム／30元）。MAP ▶ P.141 35

牛排（ニウパイ）

夜市で巨大ステーキ

参考価格：牛排（150元）。MAP ▶ P.141 35

はじめて見かけたのは、台南の花園夜市で。暑い夏、夜空の下で、鉄板焼きの巨大ステーキが飛ぶように売れていた。肉は薄手だがかなりの大きさ。若いカップルも肉が好きそうなおじさんも、熱気あふれる市場でアツアツの肉をほおばる。気を付けて見てみると、いろいろな場所で牛排の文字がある。鉄板で運ばれてくるので少しリッチな気分だ。

現地の人はこう食べる。

★夜市の屋台で気軽に食べられるので、人気。
★ソースは、黒胡椒かマッシュルームを選べる場合も。そうした場合は両方かけることも可。

左／大きな肉が鉄板で焼かれていく。近寄ると熱さが伝わってくる。
右／肉汁やソースが跳ねるので、首元にきちんと紙ナプキンを。

memo

ビーフステーキのこと。ボリューミーな肉を鉄板で豪快に焼く様子が見られる。半熟の目玉焼きやマカロニ・パスタ、野菜（夜市だとニンジン、コーン、グリンピースの2食入りの冷凍パックがほとんど）が付け合せにのる。

滷味（ルーウェイ） 屋台バージョン

すぐ、おいしい

参考価格：滷味（60元）。MAP ▶ P.139 9

とにかくたくさんの食材が並んでいる。肉、野菜、魚介まで種類は実に豊か。購入の列に並んでいると、前にいたやんちゃそうなお兄さんがチャーシューらしき肉を注文。店の人がザクザクと手際よく刻んで、袋にイン。するとお兄さんは振り返って、「これ僕のおすすめだから食べてよ」とそれをおごってくれた。胡椒が効いていて、酒がすすみそうないい味だった。

現地の人はこう食べる。

★食べ歩きするのはもちろん、夜食として持ち帰る人が多い。
★酒のつまみとして最高。

左／屋台のディスプレーは見やすいだけでなく楽しい。右上／選んだ食材は即座にカット。右下／基本量り売り。量がよくわからなければ取りあえず半斤（バンジン：300g）と伝えてみよう。多すぎれば次回オーダーする際に調整を。重さの単位はP.132参照。

memo

醤油で煮込んだ食材を冷ましたもので、指さしたものをその場で切ってテイクアウト用に袋に入れてもらう。

塩酥雞（イェンスージー）

オーダー難易度、激高

参考価格：塩酥雞（120元）。MAP ▶ P 139 9

人波にもまれるように食材を選び、店の人に渡す。この時に何かいろいろ言われるが細かいことはさて置くと、取りあえずうなずいておけば注文は可能だ。カラリと揚がった食材はどれもおいしい。特にキノコは癖になる味。戦いには疲れるが、食べる価値あり。

現地の人はこう食べる。

★1．順番が来たら、食べたいものを籠の中に入れて渡す。3個で10元など決まっているものは、店の人が個数を合わせてくれる。辛いのが要るか要らないか聞かれる。132ページ参照。

★2．揚げあがるのを待つ、待つ間に先に支払う屋台もある。

★3．塩胡椒と中華バジルで味を整えて、袋へ。受け取る。

memo

夜市の屋台料理。野菜や練りもの、海鮮や肉類を揚げたものがトウガラシ、塩胡椒で味付けされたもの。ころもはサツマイモ粉なので、香ばしさの中に若干の甘味がある。

臭豆腐（チョウドウフ）

一口越えれば不思議とうまい

参考価格：油炸手工臭豆腐（揚げ：中3個／45元）。MAP ▶ P.139 9

一度目の挑戦は、羅東夜市の棒状臭豆腐。上に溶けたチーズがかかっていて、一口で本気のノックダウン。あのにおいが口に広がる状況は危険だった。だがそんな臭豆腐初心者にも食べられるものもある。割とにおいが薄いものは、一口を乗り越えれば、チーズのような味が段々とおいしく感じてくる。まるで魔法。

現地の人はこう食べる。

★強烈なにおいが苦手な人も多いが、納豆やチーズを好む人は大好きだそう。

★煮込みタイプには鴨血や野菜なども入っているので食事としても成り立つ。

memo

植物汁と石灰を合わせ、納豆菌と酪酸菌によって発酵させた漬け汁に、豆腐を一晩程度つけ込むとできる。揚げたものと煮込んだものがメジャーだが、レストランには蒸したものも。においの強弱はさまざま。

台北の寧夏夜市で、携帯電話片手に夢中で臭豆腐を食べる若者。ここの店の臭豆腐はにおいがきつくなく初心者にもってこいだ。これが食べられるようになると、一歩また台湾に近づけた気がしてうれしい。

知高飯（ジーガオファン）

バランス抜群の小さな世界

参考価格：知高飯（70元）。MAP ▶ P.139 9

よく煮込まれた大きな豚肉が特徴的。小さなお椀の中には肉、玉子、タケノコなどが入っていて、これ一品で栄養のバランスもばっちりそうだ。そんなに混んでいなかった夜市の屋台で頼んでも、肉は柔らかくて絶品だった。その屋台の店主のおじさんは、ふくよかで陽気で、冬場の冷えた胃と心を温かくしてくれた。

現地の人はこう食べる。

★そのまま食べる。味がしっかりしているので特に調味料を自分で加えたりはあまりしない。

★スープも頼んで組み合わせる。

memo

いわゆる**焢肉飯**のようなものだが、豚肉が大ぶりの塊。甘辛く煮込まれた豚の角煮と煮玉子、豚肉を煮込んだ汁で煮たタケノコが、ごはんの上にのる。箸ですっとほぐれるほど柔らかくなった豚肉がポイント。

夜市は夕方7時ごろには混んで活気があふれる。その喧騒も楽しみのひとつ。

鵝肉（アーロウ）

ジューシージューシー

参考価格：鵝肉（250元）。MAP ▶ P.139 9

これまたなじみの薄い動物、ガチョウの肉。ジューシーな鶏肉みたいな感じだ。花蓮の鵝肉先生は有名店だけあって、鵝肉入りの麺もスープも一等美味だったが、台北の街角にあった専門店で食べたスープもとてもおいしかった。肉だけの切り身盛り合わせは値が張るので、一人旅の時は麺などで頼むのがおすすめ。

現地の人はこう食べる。

★ガラスケースを指して、肉の部位を選ぶこともある。
★細切りショウガと甘ったるい醤油につけて食べる。

何を食べているのかな？　夜市にて。子供から大人まで誰でも楽しめるのが夜市のいいところ！

memo

ガチョウの肉。お酒のおつまみとして好まれる。蒸したものと燻製の２種類があり、店によってはどちらかだけを置いてある。両方置いてあるところは、まず先にその調理法を選ぶことになる。ガチョウの出汁で絡めた麺やスープなどもあり、さまざまな形態でガチョウ肉を楽しむことができる。ガチョウ肉専門店では、鵝肝（フォアグラ）などの部位も。ほかの肉と比べるとやや割高。

薑汁蕃茄（ジャンジーファンチエ）

脂ものの後の最適解

参考価格：薑汁蕃茄（30～40元）。MAP ▶ P.139 9

夜市で疲れて休んでいたら、隣にカットフルーツの屋台があった。きれいな色に魅かれグァバを食べていたら、まったく関係ない別の屋台のおじさんが「そこの店で食べるなら断然これだよ」と教えてくれたのがこの薑汁蕃茄だった。フルーツ店でトマトかとあなどっていたら、ショウガ入り砂糖醤油とトマトの相性に心を打ち抜かれた。すっきりしたい食後にも最適。

現地の人はこう食べる。

★店では一皿単位で販売しているところが多く、何皿欲しいかでオーダーする。
★竹串で挿して食べる。

memo

台湾南部の昔ながらのおやつ。醤油膏、砂糖などにショウガをすりおろしたものを入れたつけ汁に、切った新鮮なトマトを付けて食べる。暑さをやわらげるものとしても人気がある。

台湾では新鮮なフルーツがお手頃価格で食べられる。レンブやシャカトウなど日本では珍しいものも多いので、いろいろ試してみて。

夜市いろいろ。

ちょこっ
休憩

台湾には各地に夜市が点在し、それぞれに特色がある。中でも夜市が多い台北ではエリアによる違いも見逃せない。観光客が多く最大の夜市は士林。街中にありながらローカル色たっぷりでおいしいものが多い寧夏。朝から夜まで屋台が並ぶ双城街など。屋台では酒類は販売していないが、持込みは可。コンビニなどで買って行こう。

羅東夜市で出会った香港式パンケーキの屋台。お兄さんがムキムキですてき。

羅東の夜市は規模が小さくてもかなりの人出。ネギたっぷりの葱餡餅が美味。

台東の夜市は道路沿いにあり、人の姿はまばらだった。服飾店が多い印象。

うっかり買ってしまったスティックタイプの臭豆腐。キツかった…！

そのパンケーキはやわらかくもちっとしていてバターたっぷり。正直惚れた。

台中の逢甲夜市は大学も近く混み様がすさまじい。あらゆるものが売られる。

花園ではステーキ屋台の人気がすごかった。肉とパスタのボリュームは大。

台南では夜市が立つ曜日と場所が決まっている。代表的な花園夜市は巨大。

ここは夜市です、車はゆっくり運転してね。という看板。安心して楽しんで。

高雄の夜市の下着店には不思議なコスプレ的衣服がディスプレー。なぞ。

なぜか夜市でベリーダンスのミニ舞台が。熱心に動画を撮る人も。逢甲にて。

可樂餅

台湾 飲みものパラダイス

老いも若きも男も女も、大勢の人が街行きながらストローの刺さったドリンクを飲んでいる。台湾ではのどが乾いたら自動販売機、ではなく、食堂やドリンクスタンドで飲みものを買うのが一般的で、ドリンクスタンドにはそれこそ数えきれないほどのメニューがある。注文するとその場で作ってくれるところも多く、フレッシュジュースもお手頃。中には買って後悔する味もなきにしもあらずだけれど、それも楽しさのひとつだ。ぜひ台湾っ子のように飲みながら街歩きしてみてほしい。なにせ台湾は、飲みもののパラダイスなのだから。

薏仁茶（イーレンチャー）

ハトムギジュースのこと。真っ白な液体はネクタージュースのようにトロみがあり、もったりとしている。柔らかい甘み。美容によいと女性に人気の高いドリンク。置いてあるところはやや少なめかも。

凍頂烏龍茶（ドンディンウーロンチャー）

肌寒かった日に、ホット烏龍茶。熱すぎず、どちらかといえばぬるい温度で飲みやすい。砂糖を入れるか聞かれたけれど無糖でオーダー。まさしく誰もが知るお茶の味わいには、やっぱりほっとする。

金桔汁（ジンジュージー）

屋台の定番ドリンク、キンカンのジュース。その場で絞っていてとてもフレッシュ。酸っぱくてすっきりとした味。甘い干し梅を入れるか聞かれるので、要不要を伝えよう。梅を入れると不思議な甘さに。

ボー　ハー　リュー　チャー

薄荷緑茶

ありえない色だと思った真緑の液体。とにかく甘くて、後味はハッカ飴。ずっとのど飴を食べているようなスースー感は、夏ならいいのかも……？　薄荷とはミントの意。手がベタベタになった。でもキレイ。

ムー　グァ　ニウ　ナイ

木瓜牛乳

パパイヤ牛乳。これは強烈においしい！　パパイヤを贅沢に使った自然な甘さに牛乳のクリーミーさがベストマッチ。シェイクのような感触だ。ただすぐに分離するので、10分くらいで飲んでしまいたい。

西瓜汁（シーグァジー）

ピンクの色もかわいらしいスイカジュースは、スイカ好きをとらえてはなさない魅惑のドリンク。スイカを食べているように濃厚で甘くて、特に夏場は人気が高まる一品だ。もちろんその場で作ってくれる。

檸檬汁（ニンモンジー）

レモンをそのまま絞ってジュースにしたもので、そのままか、砂糖を入れるか、蜂蜜を入れるかなどを選べることもある。そのままはかなりの刺激。蜂蜜を入れるとマイルドでちょうどいい味わいになる。

フォン　ミー　リュー　チャー

蜂蜜緑茶

名前の通り、蜂蜜入りの台湾緑茶。緑茶に蜂蜜!?　と思うなかれ。ちょい渋の緑茶と優しい甘さの蜂蜜は、息ぴったりのコンビネーション。これを飲むとしばらく蜂蜜なしの緑茶の方が不自然に感じるほど。

ジン　ジュー　ニン　モン

金桔檸檬

キンカン＋レモンという酸味マックスな組み合わせだが、味は割とキンカンが強い。二つにカットした小さな柑橘が中に浮かんでいる。夜市を食べ歩いている時には、こうしたすっきり系が恋しくなるもの。

青草茶（チンツァオチャー）

涼茶とも呼ばれる多種の薬草を煎じたもの。夏は暑気を鎮めると好まれ、薄荷の香りとのど越しに癒される。台北では龍山寺周辺にある青草街（薬草通り）や迪化街に青草茶屋台（P.138 6）が集中している。

愛玉（アイユィ）

愛玉という植物で作ったゼリーを崩した飲みもので、夜市でよく見かける。ゼリーはとても柔らかくて、ストローで吸ってもまったく問題なく飲める。ちゅるんと不思議な口当たり。液体はほんのり甘い。

冬瓜茶（ドン グァ チャー）

かなりの濃密な甘さ。冬瓜のジュースで、食堂などで水と同じように出されるところがあるほどポピュラーな飲みものだ。買う店によってはかなり薄めになるところもある。火鍋や肉料理などの後によし！

珍珠奶茶（ジェン ジュー ナイ チャー）

すっかりおなじみのタピオカ入りミルクティーは安定のおいしさ。どのスタンドで飲んでも大体同じような味なので、失敗がないのも頼もしい。タピオカは結構食べ応えがあるので、おやつ代わりにもなる。

TAIWAN
ドリンクスタンドの流儀

食堂などででき上がっている飲みものを買う場合は細かいことは不要だが、ドリンクスタンドに行くとなると少しレベルが高くなる。店ごとに表記や流れは違うけれどもコツさえ掴めばあとは慣れ。メニュー表を指さして頼めば間違いないし、写真付きメニューがあることも。戸惑っていると簡単な英語で聞いてくれたりもするので怖がらずにレッツトライ！

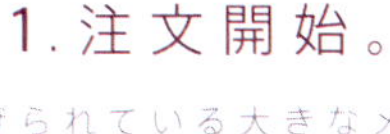

1. 注文開始。

店に掲げられている大きなメニュー以外に、カウンター上に読みやすいメニューも用意されているので、それを見てオーダーしよう。指さしてOK。おすすめメニューにはよく「推薦」と書かれている。

2. ホットかアイスか。

ホット（熱）かアイス（冷）かを伝える。メニューによっては選べないものもあり。メニューで「熱飲類」とすでに区分されている場合も。

3. 甘さレベルはどうするか。

フレッシュジュースなど味の調整をしようのないもの以外は、ほぼ甘さを調節してもらえる。店によって微妙に表記は違うがこの選択はとても大切。下記の表は一例。ただし半糖（50％）でもかなり甘く感じるので、甘いものが苦手な人は微糖（30％）くらいがいいかも。

とても甘い	全糖／標準／100％など
↑	少糖／七分糖／7分甜／70％など
	半糖／5分甜／50％など
	微糖／3分甜／30％など
甘さゼロ	無糖／健康／0％など

4. 氷は入れるか。

アイスを頼んだ場合、必ず聞かれる「要不要冰（ヤオブヤオビン：氷はいりますか）？」のフレーズ。おすすめは何といっても「去冰」（チュービン：氷なし）。なぜなら氷を入れなかったからといってドリンクの量を減らされることがないからだ。氷少なめは「少冰」（サオビン：7分目）、「微冰」（ウェイビン：3分の1）などと伝える。

5. サイズはどうするか。

普通にS、M、Lもしくは大中で表記されている。ところにより小さいサイズは紙コップのみの提供という場合も。店に紙コップが積んであったらその可能性ありだ。紙コップはこぼれるので持ち歩きには不向き。少ないのですぐ飲めるけれど。

6. 注文が終わったら。

でき上がりを店の前で待つ。レシートに番号が書かれていたり、別途番号札を渡されることもある。呼ばれたら取りに行く。呼び出しが聞き取れるか自信がなければ番号が見えるように持って、呼び出している店員の近くにいれば気遣ってくれる。

右／繁盛するドリンクスタンド。写真付きで見やすい店も多い。
左／持ち歩き用に袋をくれる。たまに言わないとくれないこともあるが、カウンターの近くに置いてあったりする。見つからない時は「我要袋子」（ウォーヤオタイズ：袋が欲しいです）と伝えよう。ただしMRTの駅構内は飲食禁止なので飲まないように。

指さし中国語

中国語未経験ならしゃべるよりも、見て書いて通じ合う方が早くて確実。そうしているうちにだんだんと言葉が耳になじんでくる。まずは伝えたいフレーズや単語を指さして、現地の人と交流してみよう。「」内に言葉を書き込んで使ってもOK！

オーダー時に伝えたいこと

這道菜跟什麼搭配才好?
この料理には何を合わせるとよいですか？

請問有推薦的口味嗎？
オススメの味はありますか？

這個分量「　　　」人吃夠嗎？
これで「　　」人分で食べるのに足りますか？

我想要點跟他一樣的
あの人と同じメニューをください。

不好意思，請給我「　　　」可以嗎?
すみません、「　　」をいただけますか？

請不要放「　　　」
「　　」は抜いてください

幫我多一點「　　　」
「　　」は多めにお願い

這個字怎麼念?
この単語はどう発音しますか？

請分開放
別々にしてください

請幫我加一點醬油
醤油を少しかけておいてください

請再來一份
もう一つお願いします

オーダー時によく聞かれること

内用，外帯？（ネイヨン、ワイタイ？）
こちらで召し上がりますか、お持ち帰りですか？

内用（ネイヨン）
ここで食べます。

外帯（ワイタイ）
持ち帰りです。

要不要辣？（ヤオブヤオラー）
辛くしますか？

要（ヤオ）
はい。

不要（ブーヤオ）
いいえ。

よく店内・メニューに書いてあるフレーズ

請先排隊點餐
先に並んで注文してください。

餐後付款
食後に支払ってください。

請先付款
先にお支払いを済ませてください。

點餐請先告知内用或外帯
ご注文時にここで食べるか持ち帰りか教えてください。

填好（もしくは寫完）菜單後請撕下（一張）交給服務人員
【机の上に書き込み式のメニューが置いてある場合、メニューに書いてあることが多い】メニューを書き込んだ後、書き込んだ紙を切り取ってスタッフにお渡しください。

最低消費 / 低消
最低消費額。少し高い店や洒落たカフェなどでよく「最低消費▼元」などと書いてある。

買十送一
10個買うと1個サービス。

わかると便利

排隊
並ぶ

菜單
メニュー

結帳
会計

外送
宅配サービス

古早味
昔ながらの味

老店
老舗

專賣店
専門店

食器類

筷子
箸

湯匙
スプーン

叉子
フォーク

碟子
皿

牙籤
つまようじ

杯子
コップ

吸管
ストロー

面紙
ティッシュ

塑膠袋
ビニール袋

単位

1個
1個。個数。

1份
一皿という意味。5個1份と書いてあれば、一皿に5個入っているということ。

1盒
一パックという意味。

1斤
重さの単位。
1斤は600グラム。

1兩
重さの単位。
37.5グラム

しゃべってみたいフレーズ

不好意思～（ブーハオイース） | 請問～（チンウェン）
すみませ～ん！（人を呼ぶとき）

請結帳（チンジエジャン） | 我要買單（ウォヤオマイダン）
お会計お願いします。

多少錢？（ドゥオシャオチェン？）
いくらですか？

好吃！（ハオツー！）
おいしい！

超好吃！（チャオハオツー！）
めっちゃうまい！

很Q！（ヘンキュー！）
歯ごたえいいね！

ちょこっと休憩 チャレンジしてみる？

よく食べている人や売られているのを見かけて、気になっていたという声が多いものがある。その中でも特に気になるけれど、なかなか試すことがないだろう２品について実食プチレポート。

檳榔（ビンラン）

あちこちで見るコイツ

いわゆる噛みタバコのような嗜好品で、あまり健康によくないことから敬遠する人がほとんどだが、中には好んで噛む人も多い。口に入れて飲み込まずに噛んでいるうちにいい具合になってくるらしい……一粒口に入れて噛んでみた。味は草そのもの。ジャクジャクという慣れない食感、何ともいえない感じがして、数回噛んで我慢できず吐き出してしまった。すると血のように真っ赤な唾液が……。完全にホラーである。よく台湾の道端で吐血現場!?と思うような様相を見かけるが、これだったのかと理解すると同時に、もう食べることはないだろうと思った。

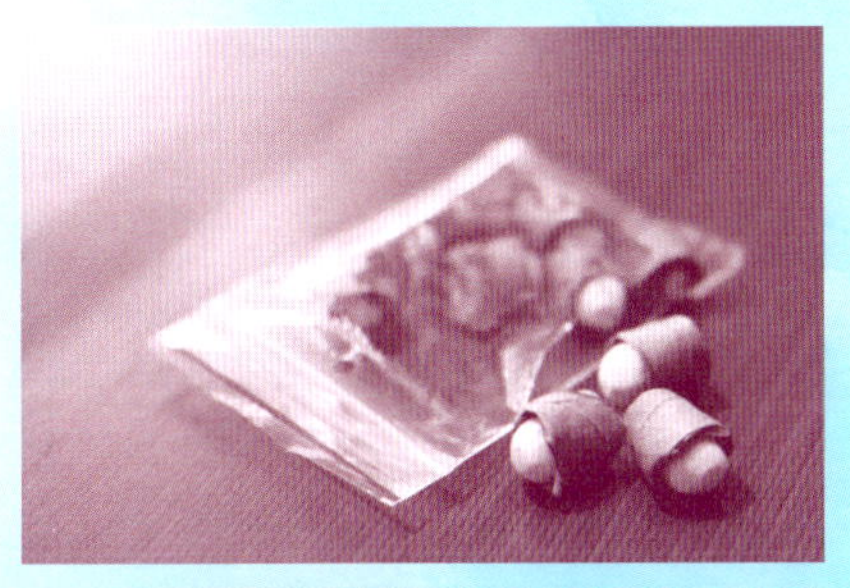

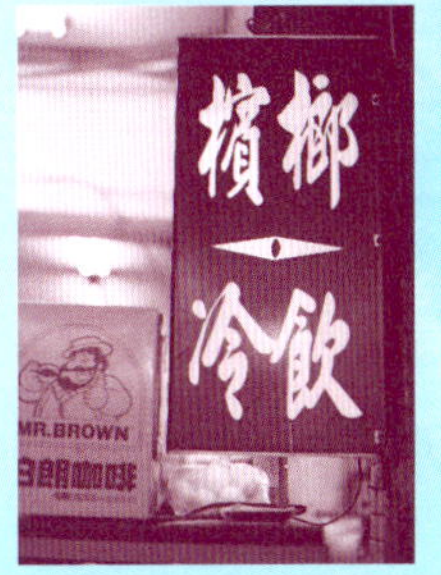

上／ヤシ科の植物の実を少量の石灰とともに葉で巻いたものが檳榔。左／檳榔店の看板。街中でひと際派手なネオンを輝かせていたり、少しセクシーなお姉さんが売り子をしていたりと目につく店がそれだ。

豬血湯（ジューシュエタン）

美容にいいらしいけれど

豚の血に水と塩を混ぜて蒸し、豆腐のように固めたものを豬血糕といい、こうしてスープの具としていれたり、おでんのおかずや屋台の串としてなど、いろいろな食べ方で愛されている。スープタイプを試してみた。スープ自体はあっさりとしておいしい。豬血糕をおそるおそるかじってみる。それ自体に味は感じないが、血の味が思ったよりも濃い。そしてその食感たるや、柔らかいのにザクッとした不思議な歯応えがあって、それがまったく駄目だった……。本当に申し訳ないと思いながら残してしまったけれど、レバー好きならいけるかも？

TAIWAN

台湾各地のご当地グルメ

前ページではかなり勇気のいるチャレンジものだったけれど、こちらはぜひとも試してほしいものばかり。ここでは地域の簡単な特徴と魅力あふれる名産・特産の一部をご紹介。さぁ、心躍る台湾環島の旅へ。

超簡単紹介。あの場所はこんなところ！

台北（タイペイ）

台湾最大の都市にして経済、政治、文化の中心地。四方を新北市に囲まれている。台湾中の美食が集結し、食堂、夜市、高級レストランまで上質な料理が楽しめる。市の花はツツジ、市の木はガジュマル。★名物：牛肉麺、肉乾、鳳梨酥、緑豆椪など

桃園（タオユエン）

台湾の空の玄関口である桃園空港がある。チョコレートや酒などさまざまな観光工場もあり、手作り体験なども出来る。緑色が目印の大溪老街や、タイヤル族の文化を知ることができる里など、観光スポットも数多。★名物：水蜜桃、石門活魚など

基隆（キールン）

台北北部に位置する市で、天然の良港を持つ。港は市内にも食い込んでいて珍しい風景を見せる。東、西、南の三方を山に囲まれた立地で雨が多いことでも知られる。廟口夜市にはたくさんの美味なる海鮮料理が。★名物：海鮮料理、米香、鳳梨酥など

新竹（シンジュー）

台湾の中でもっとも客家人の人口が多い県で、人口全体の8割を占める。新竹科学工業園区などがあり、台湾のシリコンバレーとも呼ばれるほどIT関連の企業や工場が集中している。風が強く米粉作りに適す。★名物：米粉、貢丸湯、客家料理など

新北（シンペイ）

台北にほど近い都市で、台北MRT淡水信義線終点の「淡水」駅は大きな湖に沈む夕日が美しい。そのほか名物の「阿給」は揚げの中に味の付いた具やハルサメが入っていておいしい。人気の観光地、九份や烏来温泉なども。★名物：阿給など

苗栗（ミャオリー）

台北から近い観光地として人気。4～5月ごろはアブラギリの木々が小さな白い花を咲かせ、それを見に多くの人が訪れる。山が多く平野が少ないことから「山城」「山里」という別称も。木彫りも有名。★名物：イチゴ、紅ナツメ料理、客家料理など

宜蘭（イーラン）

蘭陽平原の中心に位置する。冷泉が珍しい蘇澳、ウミガメのような形の亀山島、台湾では数少ない平地にある礁渓温泉などの見どころがある。古い建物をリノベーションしたショップなども点在。洒落たエリアも。★名物：牛舌餅、トマトなど

台中（タイジョン）

台湾第三の都市。商工業が発展し、文化的なイベントも多い。年中過ごしやすく温暖な気候。国立台湾美術館や彩虹眷村（軍人用の住宅街）など、美術館やモダンアートを堪能できるスポットも多い。★名物：珍珠奶茶、太陽餅、大麺羹、ミカンなど

南投（ナントウ）

台湾の中央に位置し、台湾で唯一海に面していない県でもある。玉山をはじめ3,000メートル級の峰が多く存在し美しい山脈を見ることができる。台湾最大の水湖である日月潭はリゾート地としても人気を集める。★名物：タケノコ、ワインなど

彰化（ジャンホァ）

土壌が肥沃で雨にも恵まれているため農業が発展。台湾の穀倉とも言われる。特に花の栽培が有名。福建省と広東省からの移民による文化の跡が見られる。扇形車庫という蒸気機関車の車庫も風情あり。★名物：肉圓、蜜餞、スターフルーツ、グァバなど

花蓮（ホァリエン）

険しい峡谷と荒々しい自然の絶景が楽しめる太魯閣峡谷（タロコ）が有名。海が近く街はおだやか。オシャレなカフェや雑貨店なども増えつつある。自転車旅行をする人も多い。大理石の産地。★名物：花蓮薯、マンボウなど

雲林（ユンリン）

県の9割は平野で、亜熱帯気候に属す。主産業は農業。県内の廟の数は群を抜いていて、多くの参拝客が訪れる。以前は秘境とよばれた草嶺山も今ではレジャーエリアに。★名物：コーヒー、ハマグリ、シジミ、ザボン、醤油、ピーナツ、ゴマ油など

台東（タイドン）

面積は約3,515平方キロメートル。台湾の面積のおよそ9.78%を占める。長い海岸線を擁し、海岸公園、森林公園、富岡漁港、三仙台、知本温泉など自然豊か。熱気球フェスも開催。カンキは10～11月が旬。★名物：米苔目、釈迦頭、カンキなど

嘉義（ジャーイー）

阿里山森林鉄道の起点としてにぎわう。スイッチバックしながらギザギザと傾斜を登る高山鉄道は、鉄道ファンのみならず一般観光客にも絶大な人気。鶏肉飯の発祥地でもある。★名物：火鶏肉飯、方塊酥、阿里山茶、明三葉、愛玉子、新港飴など

高雄（カオション）

台湾第二の都市で、台湾と世界をつなぐ海の玄関口でもある。高雄港には常に多数のコンテナ船が行きかい、その様子をのんびり眺めるのもいい。夕暮の美しい西子湾、フェリーで行く旗津もおすすめ。★名物：パイナップル、レンブ、カラスミなど

台南（タイナン）

街のいたるところに文化財や史跡があり、台湾の京都ともいわれる古都。四季を通じて温かい。成功大学の大きな木や、少し郊外にある古い城壁・安平古堡も癒される場所。和やかな雰囲気。★名物：牛肉、担仔麺、虱目魚、蝦巻、棺材板、マンゴーなど

屏東（ピントン）

台湾でもっとも南にある県。三方を海に囲まれた熱帯に属し、年中温かく南国ムード満点。ダイビングなどのリゾート地として名を馳せる墾丁も。豚足好きは絶品の豚足街へどうぞ。★名物：バナナ、黒マグロ、黒珍珠蓮霧（黒珍珠レンブ）、豚足など

料理を掲載した店舗リスト

おまけ

本書で紹介した料理を撮影させていただいたお店をご紹介。これらの店に行くのもよし、街角でふらりと気になる店に入るのも乙なもの。ここで紹介するのは台北の店ばかりだが、他都市に行って新しい店を開拓するのも楽しい。自分流の旅を満喫しよう！

1日遊べる
本と雑貨と
アートのスポット。

入口の
胡椒餅は
超人気。

南京三民
松山
饒河街
観光夜市
慈祐宮
五分埔服飾
販売区
誠品松菸店
34
國父紀念館
市政府
永春
國父紀念館
市政府

服の洪水！
お気に入りを
探すのは一苦労、
でも安め。

台北101
台北101/世貿
象山

三越や阪急など
デパートひしめく
高級感あるエリア。

N
1km

【凡例】
MRT(捷運)各種路線
淡水信義線
板南線
中和新蘆線
松山新店線
文湖線
MRTの駅
ランドマーク、観光スポット

台北全体マップ

旅するには全体の位置関係や方向の把握が大切。ということで、まずは全体マップで場所をチェックしよう。地図上にある番号と下の店番号が対応している。各店舗の詳細は次のページから。

1 老牌張豬腳飯
2 大橋頭米糕
3 池上木片便當
4 杏仁茶
5 永楽米苔目
6 滋生青草店
7 林合發油飯粿店
8 意麵王
9 寧夏夜市
10 環記麻油雞
11 賴記蚵仔煎
12 阿桐阿寶四神湯
13 双連街魯肉飯
14 吉馬陳蚵仔麵線大王
15 萬福號
16 天喜迷你火鍋
17 碗粿之家
18 天天利美食坊
19 玉林雞腿大王
20 東一排骨總店
21 趙記山東饅頭
22 張記鍋貼牛肉麵
23 趙記菜肉餛飩大王
24 龍門客棧餃子館
25 鼎元豆漿
26 林家乾麵
27 北埔擂茶　晉江茶堂
28 永康牛肉麵館
29 政江號
30 小茅屋
31 天津葱抓餅
32 元祖當歸鴨
33 東区特製涼麵
34 味家魯肉飯
35 士林夜市
36 青葉
37 九條麵食館 美濃粄條
38 合美自助餐
39 好記担仔麵
40 陽春麵店

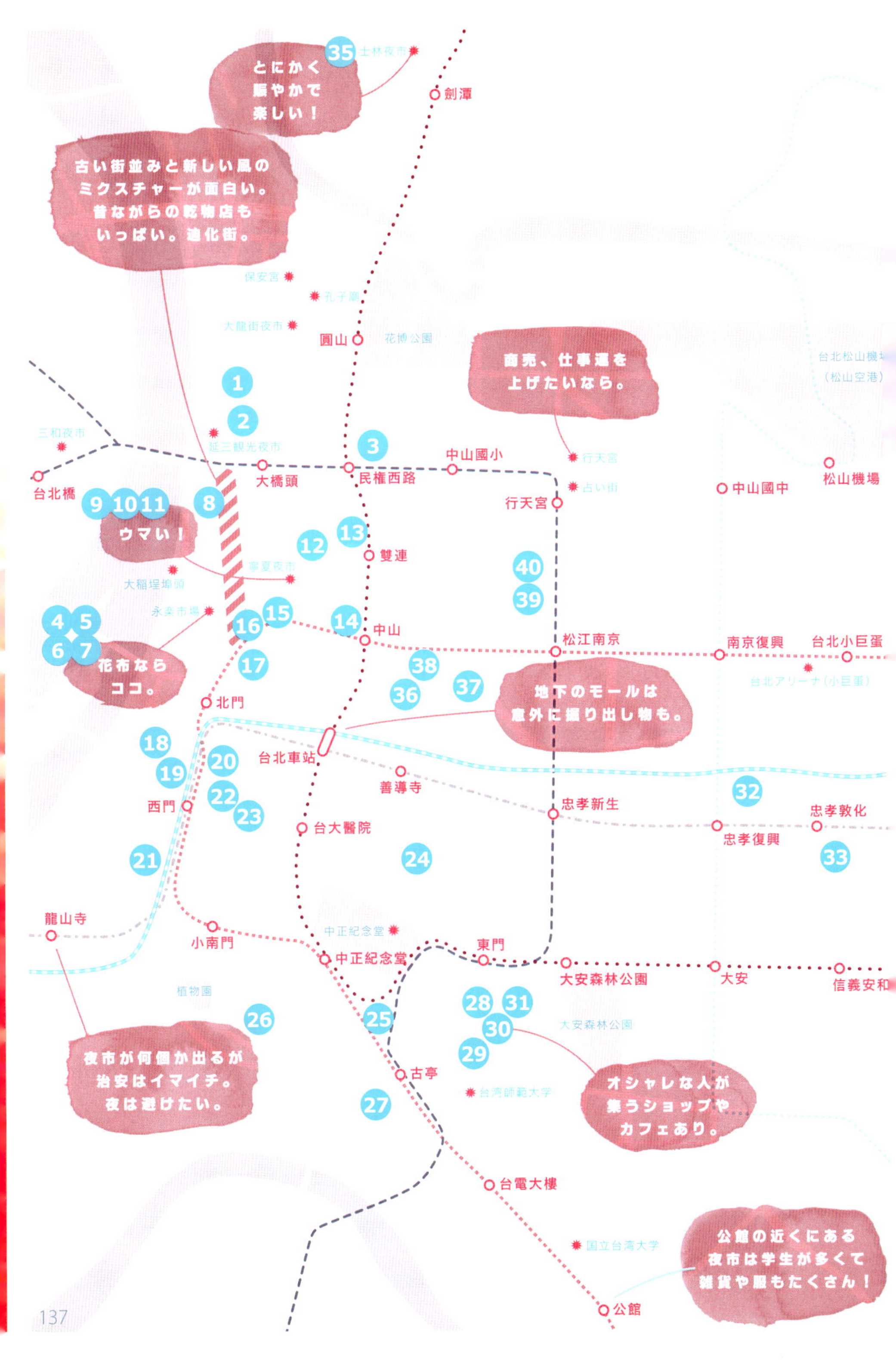

とにかく
賑やかで
楽しい！
士林夜市
劍潭
古い街並みと新しい風の
ミクスチャーが面白い。
昔ながらの乾物店も
いっぱい。迪化街。
保安宮
孔子廟
大龍街夜市
圓山
花博公園
商売、仕事運を
上げたいなら。
台北松山機場
（松山空港）
三和夜市
延三観光夜市
台北橋
大橋頭
民權西路
中山國小
行天宮
占い街
行天宮
中山國中
松山機場
ウマい！
雙連
寧夏夜市
大稲埕埠頭
永楽市場
花布なら
ココ。
中山
松江南京
南京復興
台北小巨蛋
台北アリーナ（小巨蛋）
北門
地下のモールは
意外に掘り出し物も。
台北車站
善導寺
忠孝新生
忠孝敦化
忠孝復興
西門
台大醫院
龍山寺
小南門
中正紀念堂
中正紀念堂
東門
大安森林公園
大安
信義安和
植物園
大安森林公園
夜市が何個か出るが
治安はイマイチ。
夜は避けたい。
古亭
台湾師範大学
オシャレな人が
集うショップや
カフェあり。
台電大樓
国立台湾大学
公館の近くにある
夜市は学生が多くて
雑貨や服もたくさん！
公館

掲載店舗の詳細情報

おまけ

【表記例】
N
4
マップ掲載番号
店名
ひとことメモ
住所（掲載店舗はすべて台北市内）
電話番号
営業時間
掲載料理
掲載ページ数

店に辿り着くポイントは道路の名前と番地。ランドマークは変わることもあるが道路名はなかなか変わらないので目印にしやすい。タクシーに乗った際は住所を告げるのでオーケー。営業時間や定休日は変わることもあるのでご注意を。

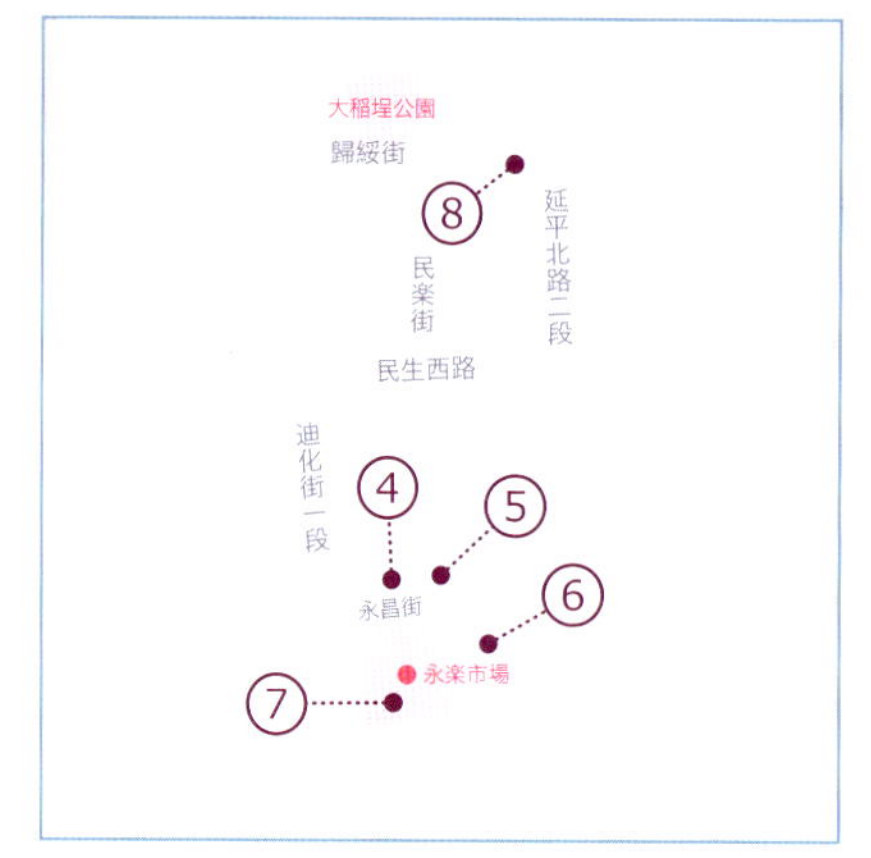

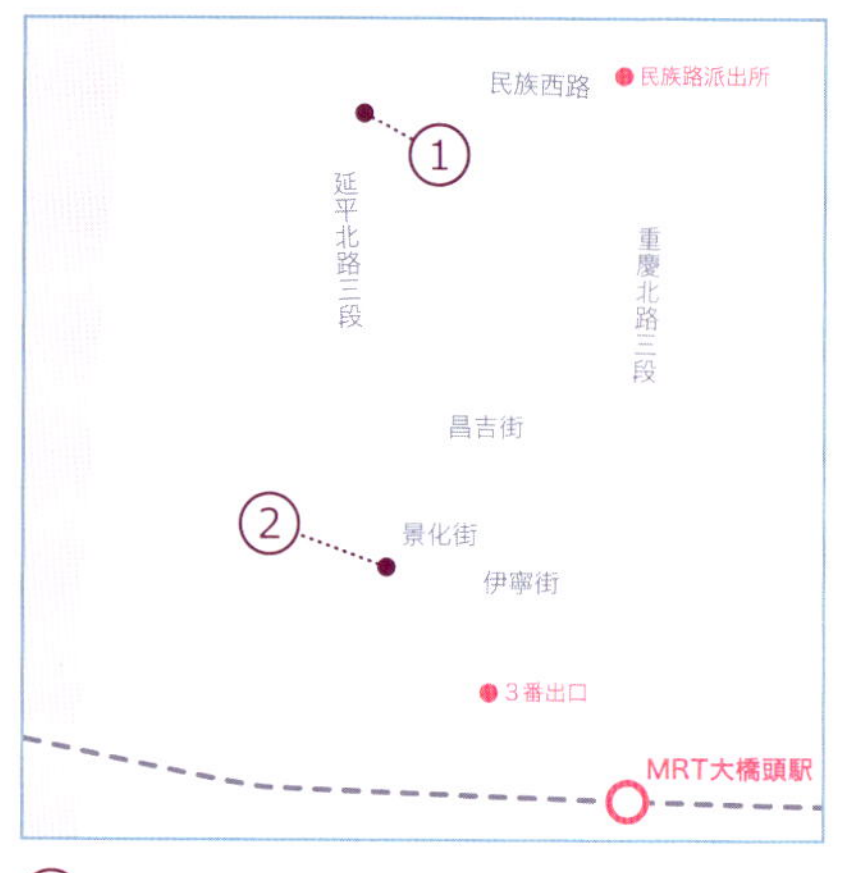

④ 杏仁茶

花布で有名な永楽市場近くの小さな店。爽やかな朝にぜひ。
大同区永昌街 21 号　永楽市場外
0989-694-880 | 9:00 ~ 19:00　不定休
杏仁茶、椪餅 P.16

⑤ 永楽米苔目

1967 年に開業。なんと麺のスープはおかわり自由。
大同区永昌街 7 号
(02) 2559-9603 | 7:00 ~ 18:00（土日～ 17:00）
米苔目、油豆腐、豬皮、嘴邊肉 P.88

⑥ 滋生青草店

すっきり爽快な青草茶の専門店。苦茶、茅根茶もあり。
大同区民楽街 51、53 号
(02) 2559-1384 | 8:00 ~ 20:00
青草茶 P.127

⑦ 林合發油飯粿店

こちらは永楽市場の 1 階に位置する。かなり混み合う。
大同区迪化街一段 21 号　永楽市場 1 階
(02) 2559-2888 | 7:30 ~ 13:00
油飯、芋粿、滷蛋 P.36

⑧ 意麺王

1938 年に開業。正午になるやいなや人があふれる。
大同区歸綏街 204 号
(02) 2553-0538 | 10:30 ~ 21:00　第 1 日曜定休
紅焼肉 P.61、意麵 P.95

① 老牌張豬腳飯

約 4 時間煮込むプルプルの豚足で長蛇の列。
開業 20 年。
大同区民族西路 296 号
(02) 2597-2519 | 11:00 ~ 20:30　月曜定休
腿庫肉、中段、腳蹄、白飯 (加滷汁)、筍絲、竹筍湯 P.52

② 大橋頭米糕

米糕は脂身の肉か赤肉か選べる。テイクアウトも多い。
大同区延平北路三段 41 号
(02) 2594-4685 | 6:00 ~ 16:00　火曜定休
米糕 P.43

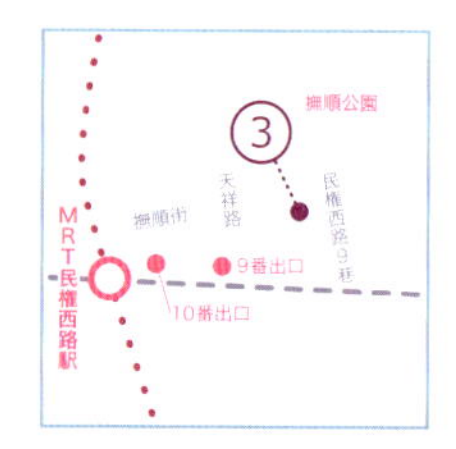

③ 池上木片便當 撫順店

ブランド米の池上米を使用。
木の箱入りで見た目もよし。
中山区撫順街 6-1 号（MRT 民権西路出口 9 より 5 分）
(02) 2587-5536/1013
10:30 ~ 14:00
16:30 ~ 20:00
日曜定休
招牌飯 P.46

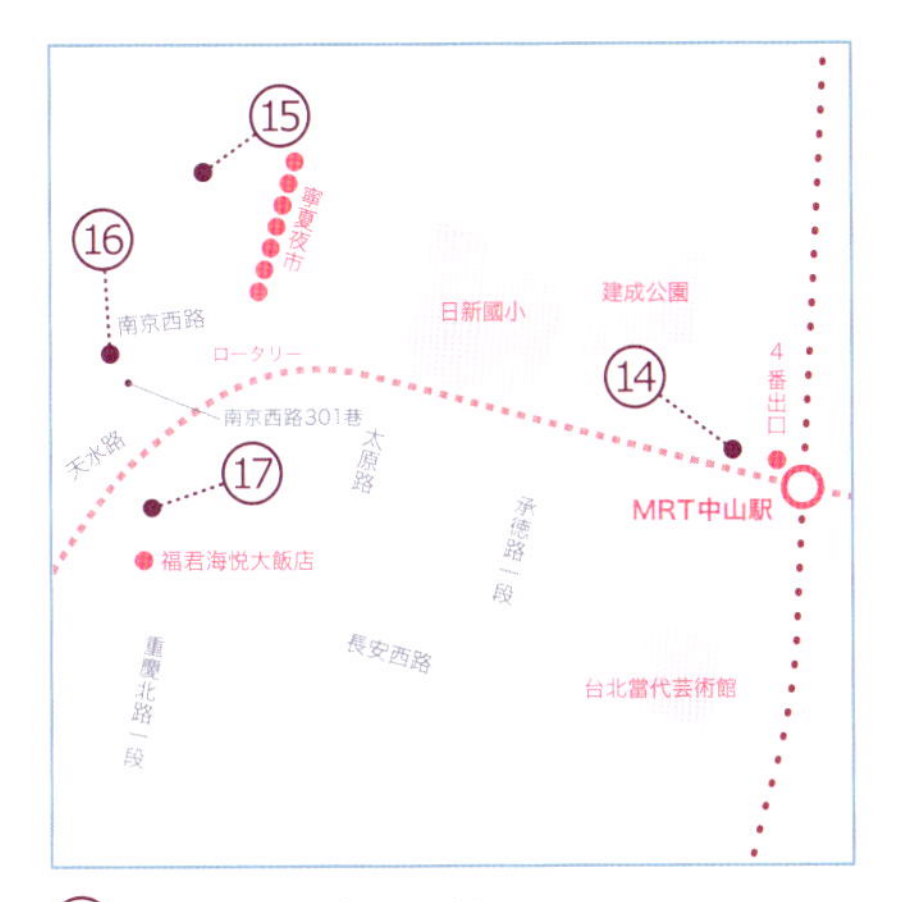

⑭ 吉馬陳蚵仔麺線大王

チェーン店ながらおいしさばっちり。
中山駅すぐ。カキ抜きも可能。
大同区南京西路 41 号（MRT 中山駅　4 番出口徒歩 2 分）
(02) 2556-1188 | 7:30 ~ 23:00
蚵仔大腸麺線、山猪香腸、酸梅湯 P.90

⑮ 萬福號

1945 年開業。もとは名店が多かった圓環にあった店。
大同区重慶北路二段 29 号
(02) 2556-1244 | 10:00 ~ 20:00　不定休み（月 2 回休み）
下水清湯、焼酒 P.23、潤餅、三鮮丸湯 P.76、割包 P.81

⑯ 天喜迷你火鍋

カウンター式の座席。フリーの飲み物は甘いお茶。
大同区南京西路 306 号
(02) 2558-6781 | 11:00 ~ 23:00　第 2、第 4 火曜定休
一人鍋 P.64

⑰ 碗粿之家

大通りから奥まった場所にあるがご飯時は満席に。
大同区長安西路 177 巷 1 号
(02) 2550-0901 | 6:30 ~ 16:30（日曜日～ 14:30）月曜定休
碗粿、貢丸湯 P.77

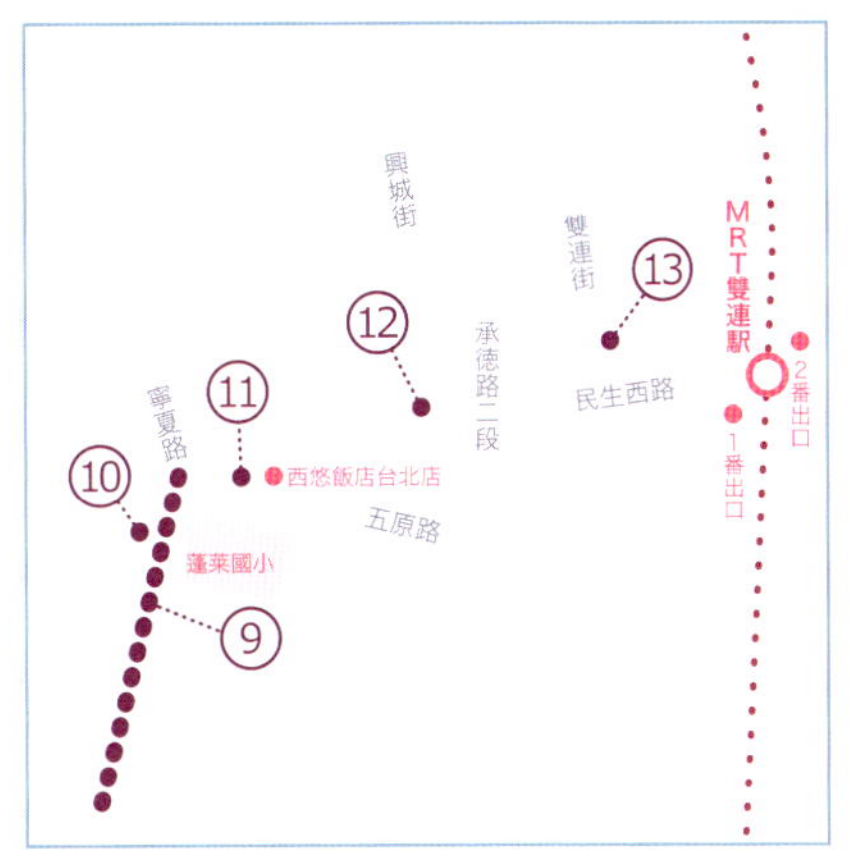

⑨ 寧夏夜市

おいしいもの多数と地元っ子に評判の夜市。
小ぢんまりしていてまわりやすいが人も多い。
大同区寧夏路
知高飯 P.116、鵝肉 P.117、薑汁蕃茄 P.118
参考購買店：家郷滷味（滷味 P.113）
第一家塩酥雞 119 番（塩酥雞 P.114）
里長伯臭豆腐王 110 番（臭豆腐 P.115）

⑩ 環記麻油雞

2 階にも席があり寧夏夜市を見渡せる。麻油麺線は必食もの。
大同区寧夏路 44 号
(02) 2558-1406 | 16:30 ~深夜 2:00　月曜定休
麻油雞 P.28、魯肉飯 P.45、燙青菜 P.60、麻油麺線 P.96

⑪ 賴記蚵仔煎

開店から夜中までずっと人が途切れない。寧夏夜市入口近く。
大同区民生西路 198 之 22 号
(02) 2558-6177 | 16:00 ~深夜 2:00
雞蛋蚵仔煎 P.80

⑫ 阿桐阿寶四神湯

1977 年開業。台北で四神湯といえばまず行ってほしい！
大同区民生西路 153 号
(02) 2557-6926 | 11:00 ~翌朝 5:00
四神湯、肉粽、肉包 P.18

⑬ 双連街魯肉飯

主食、野菜、おかずとバランスの良い便當がおすすめ。
大同区双連街 5 号
(02) 2557-2367 | 11:00 ~ 20:30　土曜定休
苦瓜排骨湯 P.26、雞肉飯 P.38、焢肉飯 P.42、紅焼肉 P.61

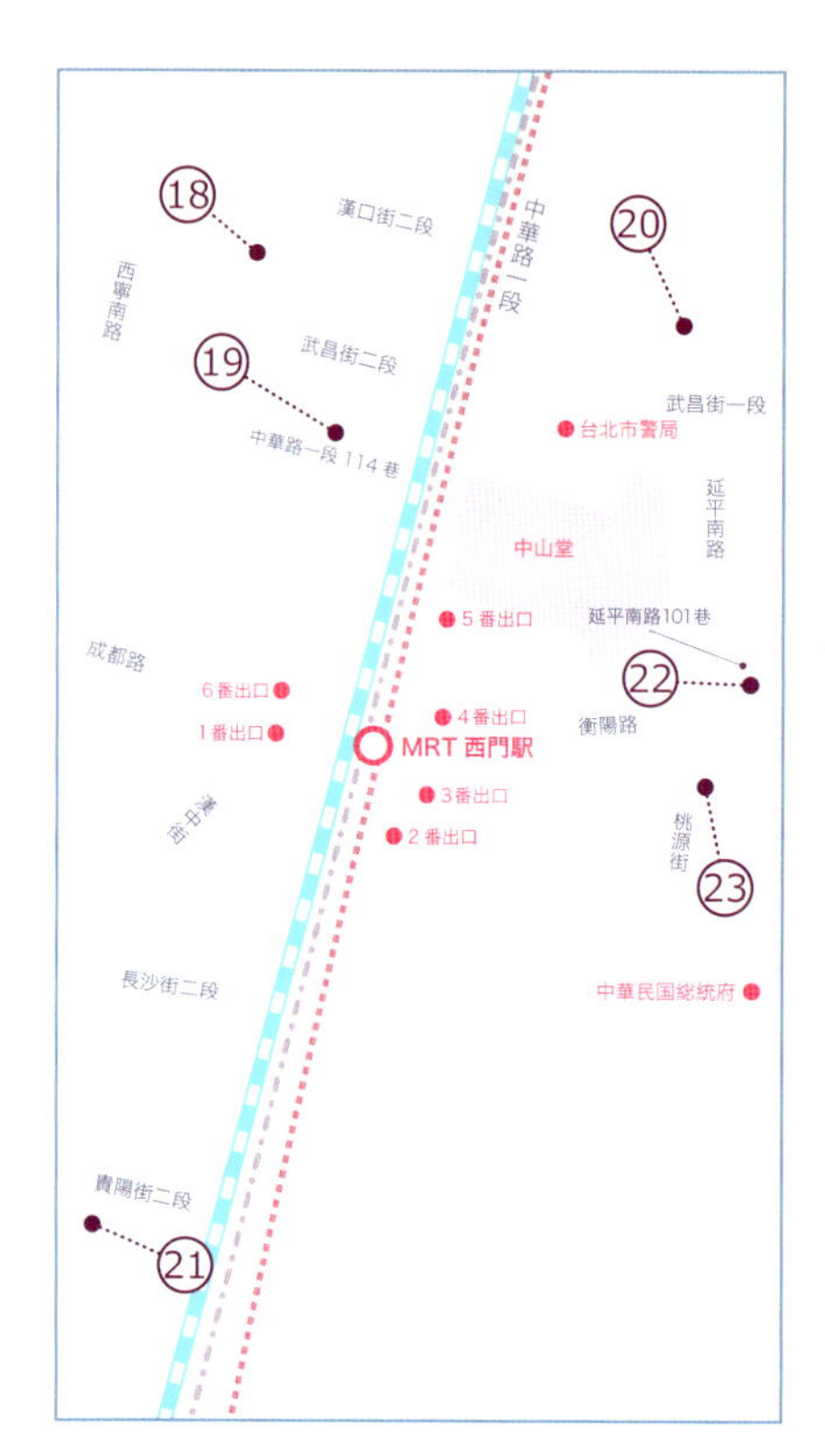

⑱ 天天利美食坊

開業 37 年。もとは屋台だったが店舗になった。繁華街の憩いの場。
萬華区漢中街 32 巷 1 号
(02) 2375-6299　9:30 ～ 23:00
蘿蔔糕 P.31、荷包蛋 P.70

⑲ 玉林雞腿大王

冷凍肉は使わず市場から仕入れた新鮮な肉を使う。
萬華区中華路一段 114 巷 9 号
(02) 2371-4920 | 11:00 ～ 21:00　月曜定休
雞腿飯 P.41

⑳ 東一排骨總店

弁当の宅配もあり。店内はきらびやかかつゴージャス。
中正区延平南路 61 号 2 階
(02) 2381-1487 | 9:30 ～ 20:30　月曜定休
排骨飯、雞腿弁当 P.40

㉑ 趙記山東饅頭

昼の 12 時くらいに品物が全部揃う。特級黒糖が人気。
萬華区西寧南路 277 号
(02) 2371-3510 | 10:30 ～ 16:00
花捲、葱油餅、特級黒糖 P.72

㉒ 張記鍋貼牛肉麺

開業 20 年、一口サイズの焼き餃子が 1 日約 2000 個売れる。
中正区衡陽路 79 号 1 楼之 1（延平南路 101 巷を入る）
(02) 2388-6482
11:00 ～ 14:00/16:30 ～ 19:30　土日祝定休
鍋貼、水餃 P.54

㉓ 趙記菜肉餛飩大王

30 年以上続く店。大きめサイズのワンタンで人気。
中正区桃源街 5 号
(02) 2381-1007 | 8:00 ～ 21:30
餛飩湯 P.24

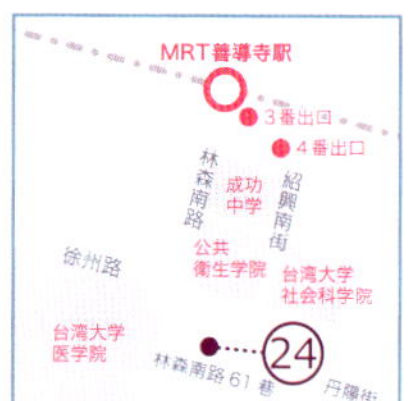

㉔ 龍門客棧餃子館

地元民に人気の穴場的スポット。
古い平屋も味がある。
中正区林森南路 61 巷 19 号
(02) 2351-0729
17:00 ～ 24:00
第 2 週月曜、第 4 週土曜定休
滷味 P.63

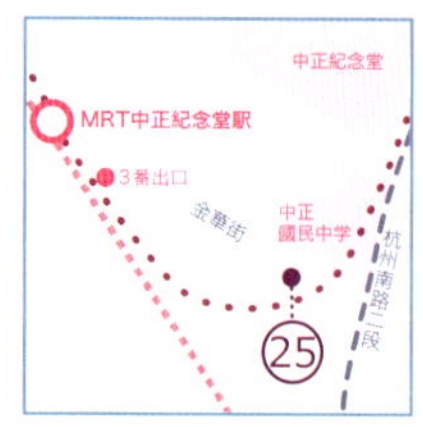

㉕ 鼎元豆漿

朝 9 時くらいになると、
すでに売り切れている品も。
中正区金華街 30 号之 1
(02) 2351-8527
4:00 ～ 11:30
鹹豆漿 P.20、韮菜包、蛋餅、焼餅夾蛋、豆漿、葱花餅 P.30、飯糰 P.44

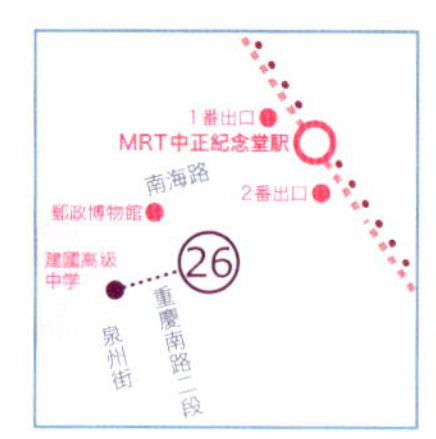

㉖ 林家乾麺

1985 年開業。店前の名門男子校生徒からの支持もアツい。
中正区泉州街 11 号
(02) 2339-7387
6:00 ～ 13:30　月曜定休
乾麺、蛋包魚丸湯 P.102
小菜 P.59

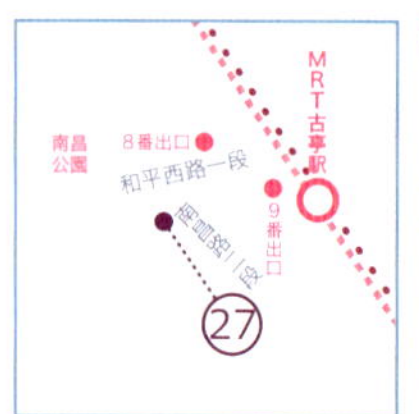

㉗ 北埔擂茶 晋江茶堂

擂茶ほか客家料理も楽しめる。
平屋造りの店構え。
中正区晋江街 1 号
(02) 8369-1785
11:00 ～ 14:30
16:30 ～ 21:00　日曜定休
擂茶 P.83

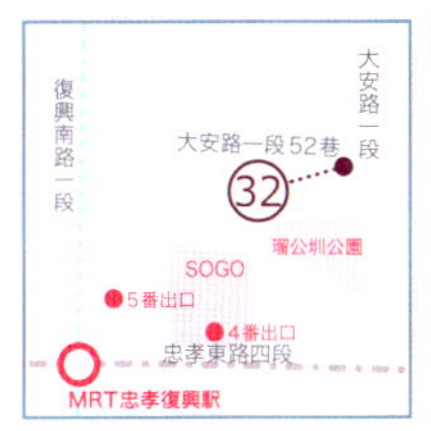

㉜ 元祖當歸鴨

當歸の香りと仏への信心が漂う店。流れる音楽もいい。
大安区大安路一段 42 号
(02) 2772-9992
12:00 ~ 23:00
當歸鴨 P.22、肉圓 P.75

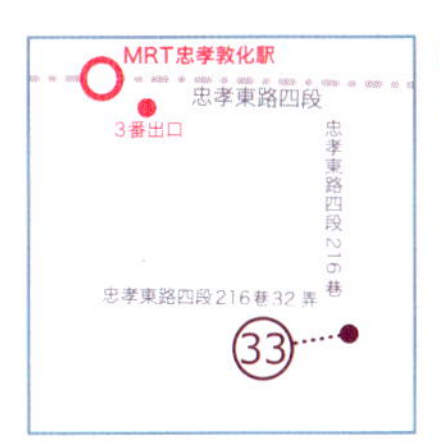

㉝ 東区特製涼麺

間口が狭くて小さい店だが涼麺が美味。夏におすすめ。
大安区忠孝東路四段 216 巷 31 号
(02) 2711-3289
6:30 ~ 18:30(土日:~ 15:30)
肉醬涼麺 P.98

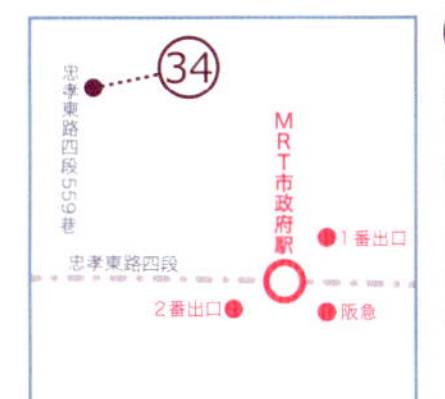

㉞ 味家魯肉飯

入りやすく活気のある庶民の台所。ただし閉店は早め。
信義区忠孝東路四段 559 巷 18-1 号
(02) 2749-3472
11:00 ~ 20:30
排骨酥湯 P.25

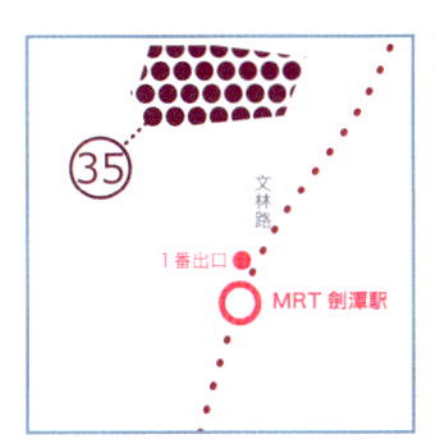

㉟ 士林夜市

とにかくたくさんの食べ物、服飾雑貨が集う士林夜市は一度訪れておきたいスポット。
広いのでじっくり楽しんで。
士林区義信里
参考購買店：士林夜市内地下 1 階　341 牛排　(牛排 P.112)、士林夜市屋外　糖葫蘆屋台（糖葫蘆 P.110)

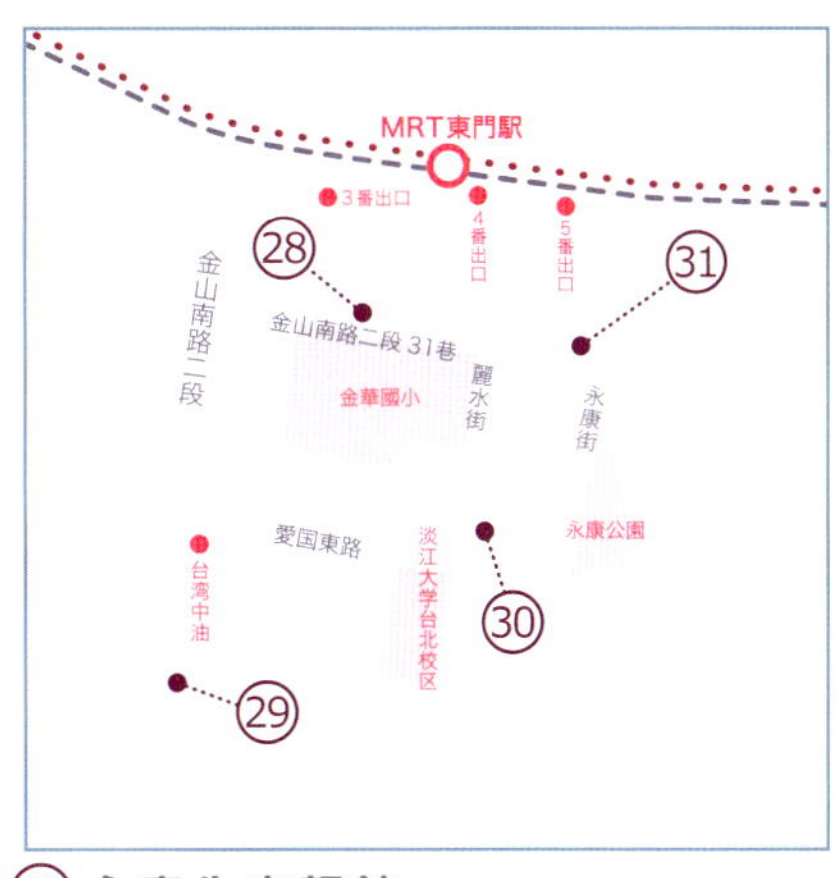

㉘ 永康牛肉麺館

2 階建ての広さなのによく混んでいる。肉が柔らかい！
大安区金山南路二段 31 巷 17 号
(02) 2351-1051
11:00 ~ 21:30
紅焼牛肉麵、粉蒸排骨 P.101

㉙ 政江號

麺、湯圓のほかかき氷もあり。食事時は混むこと覚悟で。
大安区金山南路二段 109 号
(02) 2395-2109
11:00 ~ 20:00　日曜定休
綜合湯圓 P.27、甜不辣 P.74、雞絲麵 P.104

㉚ 小茅屋

シェフは四川の中華街にいた本格派。担担麺もうまい。
大安区麗水街 5 号 -6
(02) 2321-9435
11:00 ~ 22:00
紅油炒手、蛋花湯 P.57

㉛ 天津葱抓餅

オシャレな街角に位置。九層塔（中華バジル）入りで美味。
大安区永康街 6 巷 1 号
(02) 2321-1336
12:00 ~ 22:00
葱抓餅 P.82

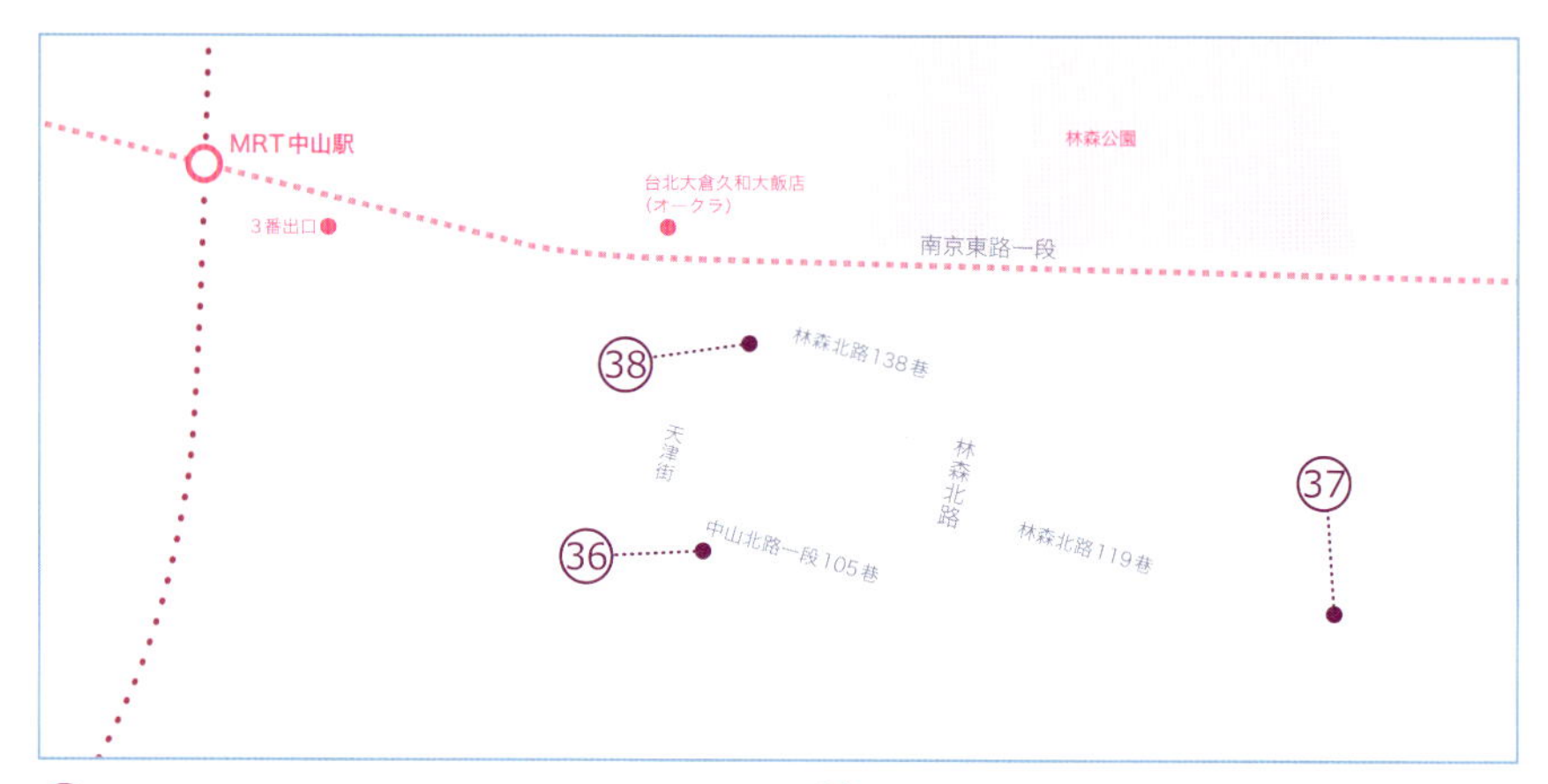

㊲ 合美自助餐

オフィス街裏通りのセルフ式定食店。昼休み時は混む。
中山区林森北路 119 巷 59 号
(02) 2522-1039
11:00 ~ 14:00、16:30 ~ 20:00　日曜定休
自助餐 P.65

㊱ 青葉

やや高級なレストラン。アテンドやデートにぴったり。
中山区中山北路一段 105 巷 10 号
(02) 2551-7957、(02) 2571-3859
11:30 ~ 14:30 (ラストオーダー 14:00)、17:00 ~ 22:30
菜脯蛋 P.62、炒米粉、醃蚋仔 P.94

㊳ 九條麺食館 美濃粄條

店主お手製辛味調味料 (テーブルにある) は激辛＆絶品。
中山区林森北路 138 巷 46 号
(02) 2537-5918　6:00 ~ 19:00 土日定休
乾粄條、雞捲 P.100

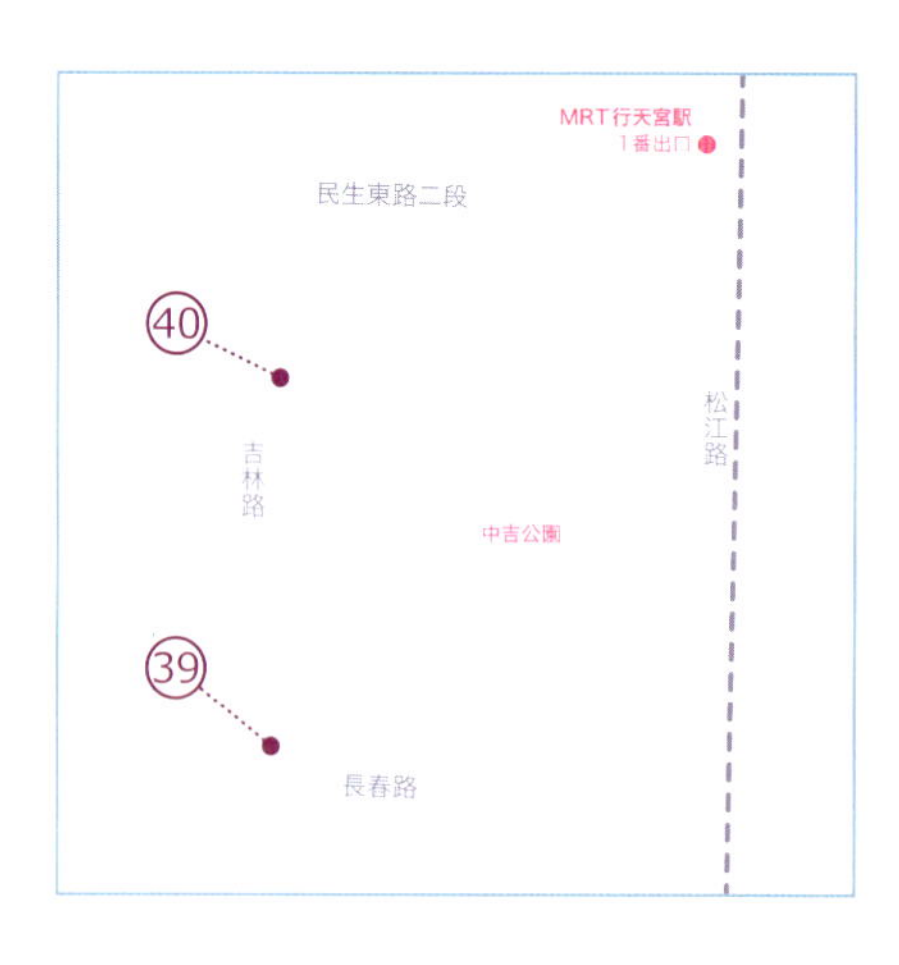

㊴ 好記担仔麺

団体観光客が多い大規模店。担仔麺は薄めの味付け。
中山区吉林路 79 号
(02) 2521-5999
11:30 ~深夜 2:30
A 菜 P.58、担仔麺 P.93

㊵ 陽春麺店

レトロな看板や家具がセンスのよい食堂。小菜もどうぞ。
中山区吉林路 121 号
(02) 2541-9226
10:30 ~翌朝 3:00　日曜定休
黒松 (飲料) P.29、豬耳・豬頭皮 P.56、陽春麺 P.92、麻醤麺 P.99

ごちそうさまでした。
漁泊食堂
CPJ-786
ZLQ-951

◯編集　台湾大好き編集部
◯撮影　野村正治
台湾大好き編集部（P.48・49・119）
◯装丁・デザイン・マップ制作　横田光隆
◯現地コーディネート　細木仁美（台湾那比達科股份有限公司）
［台北ナビ　www.taipeinavi.com］
◯スペシャルサンクス　黄文弘

そのほか台湾の知人・友人たち、台湾好きの旅行者のみなさま、
ご協力いただいたすべての方々に、感謝を込めて。

地元っ子、旅のリピーターに聞きました。
台湾行ったらこれ食べよう！

NDC 292
2015年2月18日 発行

編　者　台湾大好き編集部
発行者　小川雄一
発行所　株式会社 誠文堂新光社
〒113-0033 東京都文京区本郷3-3-11
［編集］電話 03-5800-3616
［販売］電話 03-5800-5780
http://www.seibundo-shinkosha.net/
印　刷　株式会社 大熊整美堂
製　本　和光堂　株式会社

ISBN978-4-416-61505-8